全国社会工作者职业水平考试(初级)统考教材

# 高频考点随身记

## 社会工作实务

全国社会工作者职业水平考试命题研究中心　编

中国铁道出版社有限公司
CHINA RAILWAY PUBLISHING HOUSE CO., LTD.

图书在版编目(CIP)数据

高频考点随身记. 社会工作实务/全国社会工作者职业水平考试命题研究中心编. —北京:中国铁道出版社有限公司,2019. 12
全国社会工作者职业水平考试(初级)统考教材
ISBN 978-7-113-26292-1

Ⅰ. ①高… Ⅱ. ①全… Ⅲ. ①社会工作-中国-水平考试-教材
Ⅳ. ①D632

中国版本图书馆CIP数据核字(2019)第213634号

书　　名: 全国社会工作者职业水平考试(初级)统考教材
高频考点随身记 社会工作实务
作　　者: 全国社会工作者职业水平考试命题研究中心

责任编辑: 陈　胚　　　　　电话: 010-51873459
封面设计: 未来教育
责任校对: 王　杰
责任印制: 赵星辰

出版发行: 中国铁道出版社有限公司(100054,北京市西城区右安门西街8号)
网　　址: http://www.tdpress.com
印　　刷: 三河市宏盛印务有限公司
版　　次: 2019年12月第1版　2019年12月第1次印刷
开　　本: 880 mm×1 230 mm　1/64　印张: 1.5　字数: 70千
书　　号: ISBN 978-7-113-26292-1
定　　价: 10.00元

# 前　言

本书由多名辅导名师及命题专家联合编写，编者通过多年跟踪与研究考试真题考点，结合新版考试大纲变化，总结出常考、易考考点，适合考生考前重点复习。

## 本书特色

**1. 紧扣大纲，明确重点**

本书是在对历年真题进行透彻分析的基础上，将历年常考考点与教材知识点相结合，帮助考生把握重难点，提高复习效率。

**2. 设计简单，方便携带**

本书设计小巧，方便携带，考生可充分利用零散时间进行强化记忆，随时随地进行学习，从而达到事半功倍的效果。

**3. 扫码学习，以求甚解**

本书的考点经过了浓缩精炼，适合记忆，如果您对考点看不太懂，每节均有二维码，用微信扫码后会显示画了重点的电子版专属教材（专属教材属于 VIP 题库功能，随书不送 VIP 题库激活码，无需激活 VIP 题库，扫码后只要注册，登录就可以看电子版教材），考生可进行详细学习。

## 智能考试学习系统

随书赠送智能考试学习系统，主要功能包括：章节练习、真题必练、模拟押题、考点速记、视频课程、错题训练。丰富的题库功能搭配图书使用，能有效提高备考效率。

（1）智能题库微信版：随时随地想学就学，充分利用零散时间。

（2）智能题库网页版：在线题库实时更新，数据与微信版同步。

（3）名师视频课程：讲考点、教方法，名师导学更轻松。

**随书赠送的题库是智能题库，激活码只能激活智能题库，VIP 题库只单独卖，不随书赠送！**

祝所有考生顺利通过考试！

# 目 录

# 第一章　社会工作实务的通用过程

## 第一节　接　案

### 高频考点1:接案的主要工作和步骤

接案阶段的主要工作和步骤包括:了解服务对象的求助原因和求助过程,初步评估服务对象的问题,决定是否接案,订立初步协议。

### 高频考点2:接案前的准备

1. 什么是接案

“接案”是社会工作助人活动的开端,是社会工作者与潜在服务对象开始接触,了解其需要,帮助其逐渐成为服务对象并接受社会工作服务的过程;也是社会工作者与潜在的服务对象通过沟通达成共同解决问题初步协议的整个助人过程的开始。

2. 了解服务对象的来源和类型

| 项　目 | 内　容 |
| --- | --- |
| 了解服务对象的来源 | (1)主动求助者<br>(2)由他人介绍或机构转介来的<br>(3)由社会工作者通过外展工作而成为服务对象的 |
| 认定服务对象的类型 | (1)自愿型服务对象<br>(2)非自愿型服务对象 |
| 现有服务对象与潜在服务对象 | 对应着上面三种服务对象的来源和两种类型,那些主动求助和转介及外展而来的、已经使用社会工作者提供的资源或正在接受社会工作者协助的服务对象,被称为现有服务对象;那些尚未使用或接受社会工作者协助和资源帮助,但未来可能需要服务资源和协助的服务对象,即是潜在服务对象 |

### 3.做好会谈的准备并拟定初次会谈提纲

| 项目 | 内容 |
|---|---|
| 服务对象资料的准备 | 包括:事先研读服务对象的资料,了解其是否接受过服务;了解他们的身体和精神健康状况;走访社区,通过服务对象的社会网络来了解服务对象个人和社会处境两方面的情况;了解服务对象是否有特殊事项需要小心谨慎处理 |
| 拟定初次面谈的提纲 | (1)介绍自己和自己的专长<br>(2)简要说明本次会谈的目的和内容、双方的角色和责任<br>(3)介绍机构的功能和服务、相关政策(如保密原则)和工作过程<br>(4)征求服务对象对会谈安排的意见,了解对机构和社会工作者的期望<br>(5)询问服务对象是否有需要紧急处理的事情,以便提供及时的协助 |

## 高频考点3:会谈的主要任务和技巧

| 项目 | 内容 |
|---|---|
| 会谈的主要任务 | (1)界定服务对象的问题<br>(2)澄清角色期望和义务:①服务对象对自己的角色期望,对社会工作者的角色期望;社会工作者对服务对象的角色期望,对自己的角色期望;②对比并找出双方与各自想法的差异和距离;③协商并达成一致的看法<br>(3)激励并促进服务对象进入角色<br>(4)促进和诱导服务对象态度和行为的改变<br>(5)达成初步协议<br>(6)决定工作进程。决定有以下几种可能:①终结服务。②转介其他服务。转介可以是正式的,也可以是非正式的。③进入下一个助人阶段 |

续上表

| 项 目 | 内 容 |
| --- | --- |
| 会谈的技巧 | (1)主动介绍自己<br>(2)沟通。社会工作者在接案阶段通过面谈与服务对象进行沟通的内容包括:了解服务对象的问题和需要,交流双方对服务对象的问题和社会工作机构的功能以及社会工作者的角色的看法和期望。除与服务对象沟通上述“事实性”内容之外,社会工作者也要有意识地与服务对象进行治疗性沟通。所谓治疗性沟通(或具有治疗效果的沟通)是指这样一种人际沟通;通过人与人的交往,达到一个人对其他人进行帮助的目的。在接案面谈时,社会工作者有意识地与服务对象进行的治疗性沟通具有以下功能;①提供支持;②减轻服务对象因求助而带来的内心的焦虑;③协助服务对象建立对自己和解决自己问题的正确想法;④促成服务对象为解决问题采取有效的行动<br>(3)倾听 |

## 高频考点4:收集服务对象的资料

1. 资料收集的内容和范围

| 内容和范围 | 具体内容 |
| --- | --- |
| 个人资料 | 包括籍贯、年龄、性别、受教育程度、婚姻状况、职业收入状况等 |
| 身体情况 | 包括对服务对象病史的了解,有无残疾、遗传病以及慢性疾病,目前的生理状况如何等 |
| 服务对象的特点与能力 | 如服务对象的心理状况,包括智力水平、认知能力、个性特点、自我概念、情感及行为方式等 |
| 服务对象所处的社会环境 | 包括服务对象的人际关系状况,与朋友和同事的关系;服务对象成长的背景,学习、工作和生活的环境,家庭的经济状况;家人之间的关系形态,父母的影响以及邻里关系等 |

2. 收集资料的方法和途径

| 方法和途径 | 具体内容 |
| --- | --- |
| 询问 | 直接向服务对象询问,通过面对面的会谈去收集资料,可以为决定介入与干预的方法提供依据。方法包括:(1)会谈;(2)问卷;(3)角色扮演;(4)完成句子 |
| 咨询 | 为获得服务对象的准确资料,社会工作者也常向其他专业人士咨询,以求对服务对象的问题有全面、正确、科学的认识 |
| 观察 | 通过实地观察,可以增加社会工作者对服务对象及其社会环境的了解,增加对问题的实感,使所收集的资料更准确 |
| 利用已有资料 | 这主要是利用机构的服务对象的档案资料、工作报告、调查报告及政府机构所提供的有关问题与政策的资料 |
| 问卷调查 | 让服务对象填写问卷以获取相关问题的客观资料,以及服务对象对问题的主观看法以获取服务对象的资料 |

## 高频考点5:接案应注意的事项

(1)决定是否需要紧急介入。

(2)权衡是否有能力处理问题。

(3)决定问题的优先次序。要注意的是,社会工作者需要与服务对象共同决定优先次序。此时社会工作者需要注意:尊重服务对象的意向,使其愿意努力做出改变;先易后难,这样既能增强服务对象的信心,又使其认识自己解决问题的能力,从而成功与他们建立专业关系。

(4)保证服务对象所要求的服务符合服务机构的工作范围。

## 第二节　预　估

### 高频考点1:预估的含义和任务

| 项　目 | 内　容 |
|---|---|
| 预估的含义 | 预估就是收集资料和认定问题的过程,是把所有有关服务对象的资料组织起来使其具有意义的专业实践活动,其目的在于为制订科学的介入计划打好基础 |
| 预估的任务 | (1)识别服务对象问题的客观因素:<br>①服务对象的背景资料<br>②服务对象所处的环境,与其生活有关的重要系统的资料<br>③问题发生与持续的时间<br>④服务对象为解决问题所作的努力,使用过的处理问题的方法等<br>(2)识别服务对象问题的主观因素<br>(3)识别服务对象问题的成因及使问题延续的因素<br>(4)识别服务对象及环境的积极因素。社会工作者要注意,预估不仅要集中在服务对象的“问题”上,更重要的是要找出服务对象系统内外的资源,并运用这些资源去帮助他们。识别环节中的积极因素即是运用专业知识去思考、辨认情境中需要改变及可以成为改变资源的部分,是将着眼点放到服务对象的能力和优势上<br>(5)决定提供服务的方式和内容 |

### 高频考点2:预估的基本步骤与过程

| 项　目 | 内　容 |
|---|---|
| 探究服务对象的情况、问题与需要 | (1)描述服务对象的问题与需要<br>(2)描述问题是如何发生的、问题发生的原因是什么、问题与需要的发展状况等,包括:问题是在什么情况下产 |

续上表

| 项目 | 内容 |
|---|---|
| 探究服务对象的情况、问题与需要 | 生的，产生时间及先后次序；服务对象和其他重要系统的反应，采取了什么应对措施<br>(3)描述服务对象的处境及生活于其中的社会系统的情况<br>(4)探究服务对象不能解决问题的原因<br>(5)描述服务对象的生命历程及发展阶段<br>(6)描述并鉴定服务对象的资源状况 |
| 分析服务对象的资料并做出预估摘要 | (1)对服务对象的问题与需要做出解释<br>(2)列出解决问题的目标及先后次序<br>(3)决定介入的策略<br>(4)撰写预估摘要 |

## 第三节 计 划

### 高频考点1:制订服务计划的原则

(1)要有服务对象的参与。

(2)要尊重服务对象的意愿。

(3)要详细和具体。

(4)要与工作的总目的、宗旨相符合。

### 高频考点2:制订服务计划的方法

| 项目 | 内容 |
|---|---|
| 设定目的和目标 | (1)确定服务对象的需要和问题<br>(2)向服务对象解释设定目标的目的<br>(3)共同选择适当的目标<br>(4)目标陈述要明白易懂，重在促进服务对象的成长<br>(5)目标要可测量、具有操作性和现实性 |

续上表

| 项　目 | 内　容 |
| --- | --- |
| 设定目的和目标 | (6)与服务对象讨论目标的可行性和可能的利弊<br>(7)确定目标并决定目标的先后次序 |
| 构建行动计划 | 构建行动计划的过程实际上就是选择介入方法和介入系统的过程,是发展有效行动方案、明确任务和责任的过程,也是决策行动的过程。构建行动计划大致包括以下步骤:(1)选择介入系统;(2)选择介入行动 |

## 第四节　介　入

### 高频考点1:介入的分类

(1)直接介入。直接介入是指以个人、家庭和小群体为关注对象,针对个人、家庭和小群体采取的直接行动。直接介入的重点在于改变家庭或小群体内的人际交往,或改变个人、家庭和小群体与其环境中的个人和社会系统的互动方式。直接介入也指针对服务对象采取的行动以及直接服务提供和介入。

(2)间接介入。间接介入是指以个人、家庭、小组、组织和社区甚至更大的社会系统为关注对象,由社会工作者代表服务对象采取行动,通过介入服务对象以外的其他系统间接帮助他们。

(3)综合介入。

### 高频考点2:选择介入行动的原则

(1)以人为本、服务对象自决。

(2)个别化。

(3)考虑服务对象的发展阶段和他们的特点。

(4)与服务对象相互依赖。

(5)瞄准服务目标。

(6)考虑经济效益。

## 第五节 评 估

### 高频考点1:评估的类型

| 类 型 | 内 容 |
| --- | --- |
| 过程评估 | 过程评估提供有关服务过程的各种信息,包括工作目标、介入过程、介入行动和介入影响 |
| 结果评估 | 结果评估是检视计划介入的理想结果以及这些结果实现的程度及其影响 |

### 高频考点2:基线测量评估

| 项 目 | 内 容 |
| --- | --- |
| 什么是基线测量 | 基线测量是在介入开始时对服务对象的状况进行测量,建立一个基线作为对介入行动效果进行衡量的标准基线,以评估介入前后的变化,以此判断介入目标实现的程度 |
| 操作程序 | (1)建立基线。建立基线的方法有3种:①确定介入的目标,例如服务对象的行为、思想、感觉、社会关系或社会环境的变化及指标。②选择测量工具,包括直接观察或使用标准化问卷或量表。③对目标行为进行测量并记录目标行为(或者思想、感觉、社会关系或社会环境的情况)。这个过程建立的是基线数据,此过程也称为基线期<br>(2)进行介入期测量<br>(3)分析和比较 |

## 第六节 结 案

### 高频考点1:结案阶段的主要任务

(1)总结工作。

(2)巩固已有改变。

(3)解除专业工作关系。结案并不是说社会工作者绝对不再与服务对象接触,而是不再提供服务。如果服务对象还需要其他服务,社会工作者应给予转介。转介服务对象时,社会工作者需要与其他机构建立互联网络,了解转介条件,为服务对象做准备,妥善结案。

(4)撰写结案记录。

**高频考点 2:结案时服务对象反应的处理方法**

(1)在结案前与服务对象回顾一下介入工作的过程,以确定结案的时机是否已经成熟。

(2)提前让服务对象知道结案时间,早些做好心理准备。

(3)在结案阶段社会工作者要逐渐减少与服务对象的接触,提醒服务对象要学会自立,给服务对象以心理支持,告诉他们有需要时社会工作者将继续提供协助。

(4)社会工作者也要估计一些可能会破坏改变成果的因素,预防问题的产生,继续提供一些服务,并为服务对象提供能够对他们有帮助的资源网络,待稳定了服务对象的改变成果后,才最后结束专业助人关系。

(5)安排正式的结案活动,让服务对象交流各自的收获,以建设性的方式表达感受,相互鼓励,面向未来。

# 第二章　儿童社会工作

## 第一节　儿童社会工作概述

### 高频考点1:儿童成长发展的特点

(1)快速性。

(2)阶段性。

(3)顺序性。儿童的社会心理发展也具有顺序性。从积极人格培养的角度,婴儿时期的儿童需要完成信任人格的培养;幼儿时期的儿童需要完成自主人格的培养;学前阶段的儿童则需要完成勤奋的人格培训。

(4)不均衡性。

(5)个体差异性。

(6)分化与互补性。

### 高频考点2:儿童的需要

(1)生存的需要。

①生命存在的需要,即获得基本生活照料,包括养育照料和可获得的最高水平健康医疗照料。

②社会存在的需要,即获得社会身份,包括姓名、户籍和国籍。

(2)发展的需要。

儿童的发展需要也被称为儿童的成长需要,是指儿童为了身心发展,需要获得的关爱、教育和引导。它主要包括:

①获得良好的家庭生活,得到父母的爱和适当管教,与父母建立良好的亲子关系。

②拥有受教育的机会,有良好的教育和学习环境,满足其探索和认知世界的求知欲。

③获得足够的休闲和娱乐,有适合儿童且安全的娱乐场所,为儿童形成良好的娱乐休闲态度、方式和行为提供教导和培养。

(3)受保护的需要。

(4)社会化的需要。

## 高频考点3:儿童面临的问题

| 项　目 | 内　容 |
| --- | --- |
| 儿童生存的问题 | (1)新生儿健康问题<br>(2)儿童营养问题<br>(3)儿童户籍问题 |
| 儿童发展面临的问题 | (1)贫困的问题<br>(2)家庭监护的问题。良好的家庭监护是儿童成长的基本保障。父母教养子女的能力,即亲职能力是家庭监护核心组成部分,它包括父母是否有科学的育儿观念,是否具有正确的育儿方法,是否具有足够的育儿时间和精力等<br>(3)受教育的问题。贫困是造成学龄儿童辍学的原因之一。其他对儿童辍学现象有较大影响的原因包括:<br>①学生学业困难导致的自我效能感降低,自信心受挫<br>②由于教师授课方式与学生接收知识信息的方法难以相互适应,教育观念滞后导致师生关系隔膜等而产生的厌学厌师心理<br>③家长教育方式失当导致儿童的厌学心理 |
| 儿童保护的问题 | (1)儿童遗弃的问题<br>(2)儿童遭受体罚和肢体虐待的问题<br>(3)儿童被性侵的问题<br>(4)儿童被忽视的问题<br>(5)儿童被拐卖的问题 |

## 高频考点4:儿童社会工作的概念

| 项　目 | 内　容 |
| --- | --- |
| 儿童社会工作的定义 | 儿童社会工作是把儿童作为工作和服务的对象,以儿童权利为价值理念,以儿童发展的科学知识和社会工作实务理论为依据,运用社会工作专业方法,结合所在社会的环境资源,为促进儿童的健康成长和保护儿童免遭伤害而开展的专业服务活动 |

续上表

| 项目 | 内容 |
|---|---|
| 儿童社会工作的层面 | (1)微观儿童社会工作即指根据儿童个体本身的需要而开展的个案辅导工作<br>(2)中观层面即指以满足儿童需要为中心,针对儿童家庭,或有相同问题同伴开展的小组工作<br>(3)宏观层面即指以满足儿童需要为中心,针对社会组织和社区的社会工作,或针对政策改变开展的调查研究、宣传倡导等社会工作 |
| 儿童社会工作的类型 | (1)支持性儿童福利服务<br>(2)补充性儿童福利服务。目的是通过弥补父母亲职能力的不足,改善父母的亲职状况,以满足儿童成长的需要<br>(3)替代性儿童福利服务。主要包括家庭收养、家庭寄养和机构养育或教养<br>(4)儿童保护服务。主要包括伤害预防和伤害应对服务 |

### 高频考点5:儿童社会工作的特点

(1)明确了儿童社会工作的专业价值理念。

(2)界定了儿童社会工作的理论知识范围。

(3)聚焦亲职能力建设,突出家庭监护服务。

(4)兼顾了专业理想和本土化实务路径之间的平衡。

## 第二节 儿童社会工作的主要内容

### 高频考点1:促进儿童健康成长

| 项目 | 内容 |
|---|---|
| 传播儿童健康成长理念和知识 | (1)母婴保健服务<br>(2)婴儿早期喂养理念和实践<br>(3)幼儿早教 |

续上表

| 项　目 | 内　容 |
| --- | --- |
| 传播儿童健康成长理念和知识 | (4)亲职教育。即向儿童的父母和家庭传播科学育儿理念,并为他们提供具体的科学育儿实践指导和日常育儿问题咨询。具体内容包括:<br>①科学育儿的理念:儿童权利和现代儿童观<br>②科学育儿的知识:儿童生理、心理人格和社会行为发展的知识<br>③科学育儿的技能:观察的技能、沟通的技能、引导的技能等 |
| 提供家庭支持服务 | (1)亲职辅导;(2)婚姻辅导;(3)家庭辅导;(4)亲子关系辅导 |
| 开展儿童支持服务 | (1)儿童问题辅导<br>(2)儿童的娱乐和休闲。娱乐和休闲可以帮助儿童:①强壮身体;②促进情绪的放松和调适;③增进人际关系交往和改善社交技能;④获得同伴认同;⑤得到自我实现;⑥培养探索、发现和解决问题的能力;⑦凝聚家庭,增进亲子关系<br>(3)儿童的社会化引导。主要内容包括:①自我认同;②技能学习;③团队精神;④社会责任 |

## 高频考点2:救助和保护儿童

| 项　目 | 内　容 |
| --- | --- |
| 儿童收养服务 | (1)送养儿童信息发布;(2)收养家庭招募;(3)收养家庭评估;(4)收养家庭培训;(5)送养儿童与收养家庭适配;(6)办理收养手续;(7)送养儿童进入收养家庭;(8)收养后跟踪回访;(9)评估结案 |
| 家庭寄养服务 | (1)寄养家庭的招募<br>(2)筛选合格家庭 |

续上表

| 项目 | 内容 |
| --- | --- |
| 家庭寄养服务 | (3)评估申请合格家庭<br>①评估程序:了解评估对象→寻找真实信息来源→收集综合评估信息<br>②评估方式。可以采用问卷调查、实地走访和观察、电话访谈及面对面访谈等多种方式<br>(4)寄养家庭培训<br>(5)儿童与寄养家庭适配<br>(6)儿童家庭寄养跟踪和评估服务<br>(7)儿童家庭寄养服务结案 |
| 机构养育服务 | 机构养育也被称为集体养育,或者院舍养育。它是将家庭监护缺失儿童集中安置在儿童福利机构中,是由机构工作人员集体看护的一种照料模式<br>机构养育或集体养育服务指社会工作者运用专业的知识、方法,为院内适合集体养育的儿童提供集体养育的安置服务。社会工作者需要为机构集体养育的儿童尽可能创造一种家庭的氛围 |

## 第三节 儿童社会工作的主要方法

### 高频考点1:以家庭为中心的方法

| 项目 | 内容 |
| --- | --- |
| 实务原则 | (1)在服务过程中,包括制订和落实服务计划,儿童的安全和健康永远是第一需要考虑的<br>(2)儿童社会工作者必须通过相关服务了解儿童需要和儿童及其家庭情况<br>(3)在服务过程中,儿童和家庭不应因为语言、宗教、发育迟缓等原因受到不同对待 |

续上表

| 项　目 | 内　容 |
| --- | --- |
| 实务原则 | (4)凡有可能,家庭应获得服务以保持儿童在家庭中生活,避免发生亲子隔离创伤<br>(5)家庭寄养照料是临时安置方式,应尽量短暂<br>(6)凡有可能,家庭外照料儿童都应在最短的时间里与父母团聚,并在过程中获得社会工作者的支持<br>(7)如没有回归原生家庭的可能,儿童社会工作者应该为家庭外照料安置儿童提供永久性替代照顾服务,安排领养寄养<br>(8)儿童社会工作服务必须为家庭外照料安置儿童提供保障 |
| 以家庭为中心方法的主要内容 | (1)以家庭为单位,在社区开展家庭监护评估,筛选风险家庭<br>(2)评估结果分析<br>(3)组建家庭工作团队<br>(4)开展家庭团队工作<br>(5)家庭工作团队需要定期召开会议,讨论计划落实情况,评估服务效果,以促进及时改善和恢复儿童的安全成长环境,直至家庭评估的结果显示"儿童成长安全;儿童生活的家庭环境稳定且永久;儿童自身身心健康"时为止<br>(6)及时结案,当家庭工作团队评估显示儿童成长的环境安全、永久和持续时,团队就可以考虑将工作推进到结案阶段,帮助家庭巩固其稳定的健康育儿状态 |

## 高频考点2:儿童友好社区建设倡导的内容

| 项　目 | 内　容 |
| --- | --- |
| 完善社区基本建设 | 要让全体社区居民了解,干净的饮用水和卫生的社区环境是儿童和其他所有社区居民健康生存的基本条件,需要得到解决和保障 |

续上表

| 项目 | 内容 |
| --- | --- |
| 建设安全、益智的儿童游戏场所和设施 | 儿童友好需要为社区不同年龄发展阶段的儿童提供相应的安全、益智的游戏场所，包括低龄儿童的室内游戏室、青少年运动场地、母子阅读角或儿童阅览室等 |
| 健全社区儿童和家庭服务体系 | 儿童友好需要从家庭做起，包括为儿童的父母提供育儿指导，为儿童的家庭提供排忧解难服务，为儿童提供保护服务。如果要保障社区儿童和家庭获得上述服务，就需要社区培育和发展小型的专业社区服务机构，包括儿童发展服务机构、儿童福利服务机构、儿童保护服务机构、儿童紧急庇护场所等 |
| 创新社区儿童参与工作机制 | 在童年时，通过社区参与了解社区和社会，能够学会参与社会的知识和技能，帮助他们成为合格的公民 |

# 第三章　青少年社会工作

## 第一节　青少年社会工作概述

### 高频考点1:青少年的类型与需要

| 项　目 | 内　容 |
| --- | --- |
| 青少年的类型 | (1)正直青年。指那些循规蹈矩的青少年,他们似乎不需要经历什么冲击或反叛行为便可过渡至成年期<br>(2)问题青年。指那些有越轨行为甚至犯罪倾向的青少年。他们不守纪律、爱游荡、性滥交、吸毒、惹是生非的行为被视为社会问题<br>(3)文化叛逆青年。这类青少年不甘平凡,喜欢标新立异,追求独特的文化或生活品位,建立自己的一套生活方式<br>(4)政治偏激青年。他们好打抱不平,认同并采取激进的行动,以追求某些理想或社会取向 |
| 青少年的需要 | (1)接纳自己的身体与容貌,表现符合社会所规范的性别角色需求<br>(2)个体与同伴发展适当的人际关系<br>(3)追求个体之情绪独立自主,少依附父母及其他人<br>(4)自食其力寻求经济独立<br>(5)对未来的生涯做准备<br>(6)发展符合社会期望的认知技能和概念<br>(7)努力表现负责任的行为,追求理想和抱负<br>(8)对未来的婚姻和家庭做准备<br>(9)建立个体之价值体系,符合现实世界的需求 |

### 高频考点2:青少年社会工作的层面和类型

| 项目 | 内容 |
|---|---|
| 层面 | (1)微观层面一般指个人层面的社会工作,即针对青少年个体需求而开展的个案辅导服务<br>(2)中观层面指家庭和小组层面的社会工作,即针对青少年家庭以及有相同需要或背景的青少年群体,而开展的社会工作服务<br>(3)宏观层面指组织和社区社会工作,或者是针对法规或政策而进行的倡导或改变性工作,如建立青少年组织、开展社区工作、进行青少年法规、政策或制度的修改及倡导工作等 |
| 类型 | 青少年的本质特征是其发展性,青少年社会工作的根本目标是激发青少年自我发展、自我成长的潜能。由此,青少年社会工作大致可分为如下3类:<br>(1)针对青少年的生理、心理和社会发展需要,提供社会资源,协助正常发展而设计的发展性青少年社会工作服务<br>(2)针对已经发生问题之青少年的个人、家庭、社区环境的不良因素而提供的矫正性青少年社会工作服务<br>(3)针对青少年个人及其家庭、学校、社区现况而开展的预防性青少年社会工作服务 |

### 高频考点3:青少年社会工作的服务原则

(1)尊重青少年的价值与尊严。

(2)接纳与关爱青少年。

(3)注重青少年的个别需求。

(4)协助青少年具备适应社会变化不断成长的能力。

## 第二节 青少年社会工作的主要内容

### 高频考点:服务青少年成长发展

促进青少年的道德发展,开展良好行为习惯,开展包括就业、婚恋、社交等方面的专业服务,能够促进青少年的成长发展。

(1)思想引导。

(2)习惯养成。青少年自我管理服务的目标可以包括:提升青少年自我决策和自我管理的能力;协助青少年如何有效地自我约定且诚信地尽力执行;培养青少年勇于负责的态度来面对自己的生活;协助青少年如何正确地检视、查核自己的行为表现;懂得如何对自己的行为做有效的评估。

(3)职业指导。

(4)婚恋服务。

(5)社交指导。

## 第三节　青少年社会工作的主要方法

### 高频考点1:促进青少年个体发展的社会工作方法

青少年期的核心任务是完成“辨识角色”,发展的重点是“自我、角色与地位”。促进青少年个体发展,是青少年社会工作的重要服务任务。

| 项　目 | | 内　容 |
| --- | --- | --- |
| 自我探索 | 服务目标 | (1)帮助青少年更清楚地认识自己及未来发展的可能性<br>(2)协助青少年发掘内在的潜能,并使之得到充分的发挥<br>(3)通过青少年间的互动与分享,强化其自我表达的能力<br>(4)提升青少年自我觉察和觉察他人需要的能力<br>(5)强调青少年间彼此回馈和反应的重要性,不仅帮助了个人的自我成长,也帮助了他人成长<br>(6)协助青少年能够自我接纳、自我完成,终至自我实现 |
| | 理论基础 | 罗杰斯(Rogers)“自我论”中的“自我概念”,可以成为协助青少年开展自我探索的理论基础之一。罗杰斯认为: |

续上表

| 项目 | | 内容 |
|---|---|---|
| 自我探索 | 理论基础 | (1)“自我概念”是可以学来的,换言之,适应生活良好的人往往知道如何适当地调适和改变个人的自我概念,以符合环境的实际需要<br>(2)在每个人成长过程中,某些对服务对象有重要意义的特殊人士(如父母、师长、亲朋好友或恩人等)对服务对象自我概念的形成往往具有深远的影响<br>(3)“自我概念”可以涵盖3个层面:现实我(是真正的我)、理想我(是希望中的我)及客观我(是别人眼中的我),这三个自我需要能相互运作充分发挥其功能,健康自我才得以出现 |
| 生涯规划 | 理论基础 | Wood(1990)的生涯选择配合论是生涯规划的重要理论基础。Wood认为生涯规划的先决条件是必须要先对自己有充分的认识与了解,包括自己的能力、兴趣、人格和需求与价值观等,也就是要先能掌控自己的内在世界之后,才开始探索外在的工作世界、了解职业所需的能力、职业的分类与内容、职业所需的特质及各类职业的报酬率等。在了解了自己及以外的职业环境之后,才看看两者可以做怎样的发挥和配合;接下来才能做一睿智的抉择,订立未来的发展目标和开始采取必要的行动<br>Wood的“生涯选择配合论”(如下图),内圈是表示个人的内在世界,外圈是表示外在的职业工作世界,箭头是表示内圈与外圈可以做怎样的配合 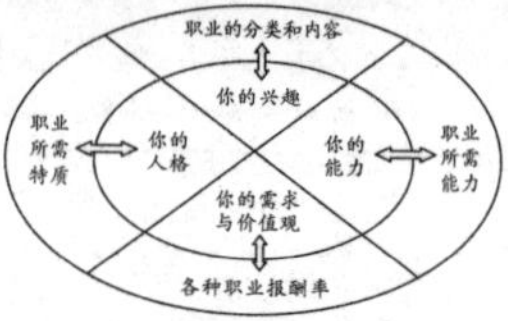<br>职业的分类和内容 / 你的兴趣 / 职业所需特质 / 你的人格 / 你的能力 / 职业所需能力 / 你的需求与价值观 / 各种职业报酬率<br>图 Wood的“生涯选择配合论” |

续上表

| 项　目 | 内　容 | |
|---|---|---|
| 生涯规划 | 青少年生涯规划的重点 | (1)自我认识。了解个人的潜能、智力、兴趣、人格特征,并经由适当测试与工作辅导而加深自我了解程度<br>(2)认识工作世界。对工作发展前景、就业与职业训练资源,以及工作机会都能有深刻的认识<br>(3)确认自我的工作价值观。能认识工作与职业对个人发展的重要性,并且了解自我等价值体系,在专业辅导下,形成比较正确且符合社会主流价值体系的观念<br>(4)评估环境因素。对现阶段的政治、经济、社会、文化等因素有较为深入的了解,以此作出切合实际的判断和选择 |

## 高频考点2:改善青少年家庭关系的社会工作方法

| 项　目 | 内　容 |
|---|---|
| 构建和睦亲子关系 | 为调和青少年家庭的亲子关系,亲子并行小组是社会工作者经常运用的服务方法<br>通过青少年组和家长组的分组活动,以及并组沟通交流,青少年家庭间的亲子关系得到了较好调和,家庭关系及功能趋于良性发展。亲情驿站亲子并行小组有效地促进了青少年健康成长 |
| 开展亲职教育辅导服务 | (1)亲职教育辅导服务的主要目标:<br>①协助父母如何有效地扮演好做父母的角色<br>②协助父母了解孩子成长过程中,身心发展的特征以及发展中的阶段任务与危机<br>③强化父母与子女之间的沟通技巧与沟通渠道<br>④改善父母对子女的管教态度<br>⑤了解家庭气氛对子女成长的影响<br>⑥如何及早发现与辅导子女的异常行为表现<br>(2)理论基础。在具体开展亲职教育辅导服务时,“父母效能训练模式”有较好的理论参考。“父母效能训练模式”主要包括3个重点:<br>①积极倾听。即训练父母的倾听能力,以便成为子女的心理 |

续上表

| 项 目 | 内 容 |
| --- | --- |
| 开展亲职教育辅导服务 | 辅导员。该技巧主要包括:能接纳子女、能从子女观点看问题、能尊重子女的自主性、能让子女承担自己问题的责任、提供子女探索自己问题的机会、关怀但不批判<br>②使用“我—讯息”。即训练父母学习以我开头来传达讯息与子女沟通。使用“我—讯息”能传达父母的需求,展现对子女的同理心,使子女知道自己的行为适当与否,能正直、真诚、诚实地反映父母的内在感受,子女也能以此方式与父母沟通,不会伤害亲子情感或造成冲突。重点有:说出父母本身的感受、说出为何有此感受、说出为何父母对孩子某些行为不高兴<br>③积极沟通。即训练父母学习如何与子女做积极沟通 |

## 高频考点3:促进青少年人际交往的社会工作方法

| 项 目 | 内 容 |
| --- | --- |
| 理论基础 | (1)人格结构分析。沟通分析论认为,每个人都是由3个独立的自我状态。①父母式的自我状态是指,个人内化了父母或父母型人物的思想观念、行为表现、语言表达及态度等而形成,其行为特征多属指使性的、权威的、命令的、谩骂的或批评的。语言表达则充满“你应该”“你必须”“不可以”等字眼。②成人式的自我状态属于生活中的思考概念,是资料和信息的处理者,在人格结构中属于较客观的部分,其行为特征较为理性、现实、客观和有组织性。③儿童式的自我状态偏重在生活中的感觉概念,属于本能的、冲动的、自发性的行为表现<br>(2)沟通分析。人与人之间的沟通,通常有下列三种形式:互补式、交叉式、暧昧式<br>(3)脚本分析<br>(4)游戏分析 |
| 服务内容 | 活动一:“第一印象你我他”<br>活动二:“开放的心灵”<br>活动三:“P. A. C. 自我状态觉察训练” |

# 第四章　老年社会工作

## 第一节　老年社会工作概述

**高频考点1:老年社会工作的根本目标**

我国老年工作的根本目标是促进“老有所养、老有所医、老有所教、老有所学、老有所为、老有所乐”。

**高频考点2:老年人的特点**

(1)生理老化。

(2)心理老化。

智力分为结晶智力和液态智力,结晶智力是人们知识和经验的结晶产物,是通过语言、文字的提炼和积累而成的智力。液态智力是指空间关系和形象思维在视觉、听觉及感知基础上形成的智力。它受制于各种感觉、运动等系统功能的影响。实际上,老年人的结晶智力比年轻人还要多,是日常学习和生活积累的结果。

对许多老年人来说,记东西的能力并没有随着年老而有太多损伤,但处理形成记忆的信息的能力却有了改变。知觉速度下降,处理信息的速度要比年轻时慢。对老年人来说学东西有两点很重要,一是学的内容要贴近个人的生活,注重知识的实用性。二是有练习新行为的机会。

(3)社会角色变化。角色理论认为当个体经历老化过程所带来的变化时,他们会丧失象征中年的社会角色和社会关系。

**高频考点3:老年人的需要**

(1)健康维护。(2)经济保障。(3)就业休闲。(4)社会参与。(5)婚姻家庭。(6)居家安全。(7)身后事宜安排。(8)一条龙照顾服务。

## 高频考点4:老年社会工作应注意的事项

| 项 目 | 内 容 |
|---|---|
| 价值观问题 | 社会价值观可能会影响社会工作者对待老年人的态度和行为。社会工作者要对年龄歧视问题保持敏感,防止把社会的不当价值观带入工作中 |
| 移情与工作倦怠问题 | (1)个人以往与老年人打交道的经历,特别是跟家中老人的交往也可能会导致对老年服务对象抱有特殊的感情,出现反移情。这可能会表现为对老人特别不好,缺乏耐心和关怀,也可能表现为对老人过度保护,想要"拯救"老人。社会工作者对此要特别注意<br>(2)长期做有些服务对象的工作,如患老年痴呆症的服务对象的工作,可能会让人感到倦怠,觉得自己的工作没有价值。社会工作者应当敏锐地体察自己的情绪状态,及早发现工作耗竭的征兆,并采取减压措施 |

# 第二节　老年社会工作的主要内容

## 高频考点1:处理认知与情绪问题

抑郁症、痴呆症、谵妄和焦虑症是老年人最常见的四个认知和情绪问题。抑郁症主要影响老年人的情绪和情感。痴呆症影响老年人的认知和智力功能。谵妄类似痴呆症,但它发病突然,并且有生理方面的原因,这些生理方面的问题往往都可以逆转。焦虑症的典型特点是过度忧虑,有非理性的恐惧,并抱怨身体不适,但一般来说老年人可能只有焦虑行为,而并非焦虑症。

## 高频考点2:建立社会支持网络

| 项 目 | 内 容 |
|---|---|
| 正式支持 | 正式支持体系主要是由政府的老年工作组织机构和涉老组织机构构成。如我国各级老龄工作委员会及其办事机构,政府办的社会福利院、敬老院、老年公寓、颐养院、护理院、临终关怀机构、社区老年中心等 |

续上表

| 项　目 | 内　容 |
| --- | --- |
| 非正式支持 | (1)家庭成员(主要是子女)对父母的养老支持<br>(2)亲属(兄弟姐妹及远亲、姻亲等)对老年人的支持<br>(3)非亲属对老年人的支持,如邻居、朋友、同事、慈善机构、非政府组织、社区志愿服务等 |
| 用家庭思维建立家庭支持 | (1)"家庭思维"指的是把老年人看成是复杂的多代关系系统的一部分<br>(2)照顾老年人的工作会面临许多压力,如照顾关系缺乏互惠性、与社会隔离、照顾工作繁重等。社会工作者可以开办照顾者支持小组,维系住照顾者,给他们提供情绪上的支持和具体的建议,让照顾事宜效率更高,更有收获 |
| 促进老人的社会融合 | 社会工作者要通过为老年人设计不同类型的活动方案,制订不同年龄段的人共同参加的社区活动项目,促进老年人与社会的融合 |

## 高频考点3:处理老年特殊问题

| 项　目 | 内　容 |
| --- | --- |
| 虐待和疏于照顾问题 | 虐待老人指的是恶意对待老人,在身体、情感或心理及经济方面对老人采取非人道的做法。疏于照顾老人既包括主动以及被动地让老人得不到所需要的照顾,导致老人的身体、情绪或心理方面的健康衰退<br>虐待主要包括:身体虐待、性虐待、情感或心理上的虐待、经济虐待、他人疏于照顾、自我忽视 |
| 丧亲问题 | 个人在接受自己不可避免的死亡或他人的死亡时,会经历一个由否认期—愤怒期—讨价还价期—抑郁期—接受期构成的心路历程<br>社会工作者在老人濒临死亡时要做的重要工作有:<br>(1)提供情感支持<br>(2)代表老人及其家人争取合理权益 |

续上表

<table>
<tr><th>项目</th><th colspan="2">内容</th></tr>
<tr><td>丧亲问题</td><td colspan="2">(3)提供相关资料和信息<br>(4)做丧亲辅导<br>帮助老人及其家人把丧亲视为一个过程，一个长期的系列调整过程，在生活方式和态度上有所改变</td></tr>
<tr><td>临终关怀服务</td><td colspan="2">(1)辅助医疗专业人员为老人(控制)减轻疼痛和症状的服务，包括音乐治疗、艺术治疗、宠物治疗、戏剧治疗等。按摩和做运动也常用来缓解临终者及其家庭照顾人身体上承受的压力<br>(2)协助老人及其家人解决医疗费用方面的问题<br>(3)提供丧亲后续服务。尽管照顾濒临死亡的亲人不容易，但是处理亲人离去后的哀伤也需要得到社会的支持和专业的协助</td></tr>
<tr><td>自杀</td><td>自杀评估</td><td>(1)直接线索。老人若直接说“我要了结自己”或者“有时我真想结束一切”，并不是随便说说引人关注，它是直接的线索，表明他正在考虑终止自己的生命。如果老人有这类直接表达的话，那么就要进一步筛查他的自杀倾向。包括老人是否有具体的计划和实施计划的途径，如果有的话，那么就要马上采取行动。老人正在考虑的自杀手段越致命，其实施方案的可能性就越大，完成自杀企图的风险就越高<br>(2)间接线索。有时老人会借用一些问题看所爱的人的反应，如“没了我你会过得好些”或者“这些日子我太麻烦人了”。这些话是直接要求肯定他们的生命有价值，他们对某人来说很重要。尽管家人和社会工作者可能觉得这样的话让人恼怒，但是这是老人在绝望地呼救，要重视不能视而不见<br>(3)行为线索。国外学者提出下面一些线索表明老人会有自杀倾向；企图自杀或者过去自杀过；储存药物；出人意料地留遗嘱或修改遗嘱；突然开始筹划葬礼安排；突然把贵重物品送人；非本人性格特点的不在意自己或不做家务；长期情绪焦灼动荡或抑郁却突然变得安稳、平和</td></tr>
</table>

续上表

| 项　目 | | 内　容 |
|---|---|---|
| 自杀 | 干预措施 | 社会工作者首先要清除眼前的危险,如储存的药物;找人在老年人艰难的时候陪着他,或者联络医护人员让老入住院接受进一步评估;与老年人做安全约定,让他答应在你下次来探望前不要自杀。社会工作者要注意,每次联络老年人都要重新确认老人的这一承诺,这能帮助老年人平稳度过危机阶段,直到长期问题也能着手解决时。同时,社会工作者也需要为老人做简短的缅怀往事治疗,积极地跟老人在一起找出他发挥过的长处和应对问题的技巧<br>此外,要动员起老人外部环境中的资源,如家人和朋友的力量,这些支持对老人非常重要 |

## 第三节　老年社会工作的主要方法

### 高频考点1:老年人评估的注意事项

(1)物理环境。评估环境应安静、整洁、光线明亮、空气清新、温度适宜。

(2)平衡好老人自立与依赖他人的需要,防止老人不惜代价保持自立,让自身生活充满风险或生存、生活受到损害。

(3)关注最初提议做评估的人。

(4)注意老年人群体的异质性。

(5)尊重老年人的隐私权。

### 高频考点2:老年个案工作方法

| 项　目 | 内　容 |
|---|---|
| 老年个案工作的特点 | (1)在接案阶段,与老人进行良好的沟通<br>(2)在预估阶段要特别注意老人身体、心理、社会方面的功能状况 |

续上表

| 项　目 | 内　容 |
| --- | --- |
| 老年个案工作的特点 | (3)在制订计划阶段要充分吸收老人参与<br>(4)在介入阶段要定期追踪进展情况<br>(5)在评估阶段要重视老人的主观评价 |
| 老年个案工作的注意事项 | (1)营造适宜于跟老人沟通的环境<br>(2)对有沟通障碍的老人应尽量多方求证老人的问题<br>(3)老人重视文化传统,特别需要得到社会工作者的尊重<br>(4)给老人自决权,尊重老人的选择<br>(5)要有耐心,做好花较长时间处理个案的准备 |

## 高频考点3:老年小组工作方法

| 项　目 | 内　容 |
| --- | --- |
| 老年小组工作的特点 | (1)老年人与健康的儿童、青少年或年轻成人不同,他们有各种身体上的不便和知觉方面的限制,因此在开办小组的时候就要有相应的调整。如在空间安排和使用辅助器具上要做特别的考虑<br>(2)在老年人小组中,带领者可能自始至终都要扮演一个比较积极的角色。小组带领者可能要投入额外的时间与小组成员建立个人关系,老人可能需要社会工作者的持续鼓励才能参加最初的小组聚会和以后的小组活动<br>(3)老年人由于其身心健康状况,可能在小组中的表现比较被动,其头脑中可以都是个人问题,这使得老年人小组工作的节奏比年轻人的小组慢许多。对小组带领者来说,要学会欣赏成员点滴的进步 |
| 老年小组工作的注意事项 | (1)尊重自决权<br>(2)平衡对小组和个人所负的责任<br>(3)尊重保密权。除非事关当事人或者周围人的福祉受到威胁,否则社会工作者要信守保密原则<br>(4)干预小组动力,保护小组成员免受伤害 |

# 第五章　妇女社会工作

## 第一节　妇女社会工作概述

### 高频考点1:妇女的需要

(1)妇女生命权得到保障的需要。

(2)妇女生殖健康的需要。

(3)保障妇女的权益和发展的需要。

(4)建立性别公正的政策、制度和社会环境的需要。

### 高频考点2:妇女社会工作的目标和原则

<table>
<tr><th>项　目</th><th colspan="2">内　容</th></tr>
<tr><td rowspan="3">妇女社会工作的目标</td><td>直接目标</td><td>(1)缓解压力和宣泄情绪<br>(2)重塑自信,提升对自我的认识<br>(3)解决妇女的实际困难和需要</td></tr>
<tr><td>中间目标</td><td>(1)协助妇女重新界定妇女问题,认识到“个人的即政治的”<br>(2)提升性别意识,促进自省、自信和自我认同<br>(3)建立妇女的支持小组,减少成员的孤独感</td></tr>
<tr><td>最终目标</td><td>(1)重新建构权力关系<br>(2)建立妇女网络与网络之间的连接<br>(3)倡导和建立全社会的性别公正和公平的意识和制度</td></tr>
<tr><td>妇女社会工作的原则</td><td colspan="2">(1)承认妇女的多样性以及与其一起工作的视角的多样性<br>(2)尊重妇女作为独立的个体而不是家庭角色的扮演者<br>(3)了解、理解和接纳妇女的现实处境和她们的生存选择<br>(4)认识妇女本身也是一种资源,有能力处理自己的问题<br>(5)妇女是发展的主体,而不是客体</td></tr>
</table>

续上表

| 项　目 | 内　容 |
| --- | --- |
| 妇女社会工作的原则 | (6)增加妇女的资源和选择的多样性<br>(7)将个体与群体连接起来,促进妇女之间特别是具有类似经历的妇女互助 |

## 第二节　妇女社会工作的主要内容

### 高频考点1:婚姻和家庭关系调适

| 项　目 | 内　容 |
| --- | --- |
| 家庭工作的视角和原则 | 性别视角的家庭工作原则包括:<br>(1)尊重和接纳现实中家庭形式和婚姻形式的多样性<br>(2)重新调整家庭权力,避免家庭暴力、冲突与资源分配不均<br>(3)工作和家庭生活的协调与平衡<br>(4)父亲的职责和母亲的职责同样重要,都需要训练<br>(5)社会应该为家庭提供必要的资源和服务,减轻家庭的负担 |
| 夫妻关系的调适 | 在夫妻关系的调适中,突出的问题是家务分工、经济支配、教育孩子等方面的矛盾,城市里的婚姻危机突出表现在夫妻一方的婚外情、重婚等 |
| 婆媳关系的调适 | 在社会性别视角下,应遵循婆媳关系调适的原则:<br>(1)让媳妇认识到婆家和娘家都要平等对待,不要分亲疏远近<br>(2)调适时应该遵循包容和相互理解、将心比心等原则,在婆媳之间建立平等、尊重的关系<br>(3)在婆媳关系的调适中,丈夫要发挥积极的调节器的作用<br>(4)帮助婆婆认识与儿子和孙子女之间的关系、角色、权力的边界 |

续上表

| 项　目 | 内　容 |
| --- | --- |
| 亲子关系 | 性别敏感性的妇女社会工作重点不在指导女性当好一个母亲的技巧上，不加重母亲的责任和负疚感，而要强调父亲的参与和家人的配合，重视父亲在亲子关系、儿童教育中所承担的责任 |

## 高频考点2：针对伤害妇女行为的干预

| 项　目 | 内　容 |
| --- | --- |
| 婚姻暴力的特征 | (1)低自尊。(2)暴力循环。(3)暴力正常化 |
| 针对妇女暴力的干预原则 | (1)接纳受害妇女描述的问题而不是责怪受害者<br>(2)尊重受害妇女的人格独立，提升她们的自信心<br>(3)关注受害妇女的安全<br>(4)与受害妇女建立信任、真诚的专业关系 |
| 针对妇女暴力的干预策略 | (1)促进相关立法以及完善相关法律；向有关机构及其领导者、决策者进行倡导、宣传培训；开展国际间以及政府和非政府组织间的合作；建立和完善对受暴妇女的社会救助机制；向大众进行重视妇女人权的宣传和教育，倡导社会构建尊重妇女的良好社会氛围<br>(2)开展反对妇女暴力的综合干预行动，建立公检法司、城市、农村、医院、妇联、民间组织等综合行动计划、倡导立法综合干预模式<br>(3)建立受暴妇女支持小组，鼓励小组成员主动参与反暴工作，唤醒社会的理解和关注。建立对施暴人的干预机制，不仅从法律上更要从思想认识上帮助他们学习如何尊重妇女，制止其暴力行为<br>(4)为受暴妇女提供各种形式的服务 |

## 高频考点3:针对妇女生殖健康的工作

| 项　目 | 内　容 |
| --- | --- |
| 干预的原则 | (1)主体原则。(2)参与原则 |
| 干预策略 | (1)健全具有社会性别敏感性的妇女生殖健康的政策。具有社会性别敏感性的生殖健康政策应该是男女共同承担生育健康的责任和风险,而不仅仅是女性<br>(2)建立"以社区为基础,以妇女为中心"服务策略。依托社区,把生育健康工作内容直接落实到基层,落实到户和人;向妇女提供卫生保健的知识与信息,提高妇女控制自身健康的能力;让社区中的妇女骨干人物在生殖健康工作中发挥核心的作用;增能妇女,培育妇女自助服务的意识和能力,建立妇女互助的健康小组<br>(3)建立妇女定期生殖健康检查的制度 |

## 高频考点4:维护妇女权益的主要工作内容

(1)向社会以及妇女们宣传各种维护妇女权益的法律知识。

(2)调查研究妇女权益状况,为健全和落实权益保障立法提供事实依据。

(3)提供服务,落实妇女权益,并研究妇女权益的落实状况。

(4)倡导、督促健全维护妇女权益的机制。

# 第三节　妇女社会工作的主要方法

## 高频考点1:性别需求分析

| 项　目 | 内　容 |
| --- | --- |
| 实用性社会性别需求 | 实用性社会性别需求是指在社会生活中,妇女就其社会承认的角色而确定的需求,尽管这种需求是由于社会分工及妇女的从属地位引起的,不具有对社会性别的挑战性,但这些需 |

续上表

| 项　目 | 内　容 |
| --- | --- |
| 实用性社会性别需求 | 求是妇女很实际的需要，如妇女需要食物、健康、就业等，在满足这些需要的过程中并不会挑战传统的性别角色和分工模式。因此，实用性需要的满足依旧延续传统的分工模式和角色 |
| 战略性社会性别需求 | 战略性社会性别需求指的是挑战和改变由妇女在社会中的从属地位而产生的需要。这类需要涉及社会的分工模式、权利等，满足这类需求可以协助妇女取得更多的平等权利，改变现存的社会分工模式和角色，挑战妇女的从属地位 |

## 高频考点2：妇女增能的方法

| 项　目 | 内　容 |
| --- | --- |
| 干预目标 | (1)意识提升<br>(2)增强能力、发展技能，尤其是计划、决策、组织、管理、开展活动以及与周围他人和机构打交道等方面的能力<br>(3)参与并扩展在家庭、社区和社会方面的支配和决策，加强此种能力<br>(4)行动。采取具体的行动获得两性间的平等 |
| 干预方法 | (1)透明化。(2)鼓励和肯定。(3)权力分析。(4)意识醒觉。(5)倡导政策改变 |

## 高频考点3：性别视角的妇女社会工作方法

(1)建立平等的协作关系。

(2)协助妇女重新界定问题，提升意识。

(3)挖掘自身潜能，连接周围资源，解决面对的问题。

(4)协助相同处境的妇女建立支持小组。

# 第六章　残疾人社会工作

## 第一节　残疾人社会工作概述

### 高频考点1:残疾人的需求及问题

| 项　目 | 内　容 |
| --- | --- |
| 残疾人权利和基本需求 | 残疾人的权益和基本需求主要包含康复权、教育权、劳动权、文化生活权、社会福利权和环境友好权<br>残疾人环境友好权主要指为残疾人享有平等社会生活创造无障碍环境的权利。消除社会性环境中阻碍残疾人参与的"物化"因素是环境友好的重要措施,主要包括物理环境(各类建筑物、道路和交通设施等)的无障碍、信息交流环境无障碍、公共服务无障碍和政治参与无障碍等 |
| 残疾人面临的主要问题 | (1)物质层面的困难:①经济困难;②住房困难;③医疗困难<br>(2)精神层面的困难<br>(3)社会交往的困难 |

### 高频考点2:残疾人社会工作的目标和功能

| 项　目 | 内　容 |
| --- | --- |
| 残疾人社会工作的总目标 | 残疾人社会工作的总目标是尊重残疾人的公民权利,促进残疾人平等的社会参与,实现残疾人体面工作和尊严生活,推动残疾人树立"自尊、自信、自强、自立"观念,全面提升素质为社会做出更大贡献,达成"共建、共享、共融"的具有亲和力的文化,从而提升人类整体的生活质量 |
| 功能 | (1)微观层面:①对残疾人提供直接的物质性帮助;②为残疾人提供能力建设的支持服务 |

续上表

| 项　目 | 内　容 |
|---|---|
| 功能 | (2)中观层面:①推动残疾人组织和为残疾人服务的社会组织的发育;②推动社区性残疾人社会支持系统的发育<br>(3)宏观层面:①推进残疾人社会政策的变迁;②增加社会资本,形成“亲和力”的残疾人文化 |

## 第二节　残疾人社会工作的主要内容

### 高频考点:残疾人社会工作的主要内容

| 项　目 | 内　容 |
|---|---|
| 发展本土视野下的残疾人社会工作服务 | (1)确立残疾人社会工作的新理念,把残疾人社会工作纳入公共服务体系,建构多元中心治理机制下的新型的残疾人社会工作,正确处理政府、非营利性组织、服务对象、残疾人社会工作等多元要素之间的关系,在法律的框架中赋予这些组织以合乎其社会身份的法律地位<br>(2)实现残疾人工作机制的创新,构建网格化的服务模式,建立“横向到边,纵向到底”的工作网络,形成“多级”的网络服务体系<br>(3)加强对残疾人社会工作专业服务组织和专业人才队伍建设<br>(4)构建全社会“友善”的残疾人价值观,营造“友善残疾”文化 |
| 构建保障残疾人合法权益的政策体系 | 加强残疾人社会保护政策体系建设。社会保护是由政府、各类社会组织建立起保护性制度和措施,以避免或减少残疾群体在快速社会变迁过程中所遭受到的利益损害,通过“社会补偿”的方式来降低“社会损害”,通过预防性和治疗性两种手段来达成目标 |

续上表

| 项 目 | 内 容 |
| --- | --- |
| 为残疾人提供康复服务 | (1)教育康复<br>(2)职业康复。职业康复是指通过一系列措施,稳定且合理地解决残疾人的就业问题,包括提供职业服务,如职业咨询、职业评估、职业指导、职业训练和有选择地安置工作等<br>职业康复的流程是:①职业咨询;②职业评估;③职业培训;④就业指导<br>(3)社区康复。残疾人社区康复的主要内容如下:<br>①开展残疾预防工作。残疾预防是指在发生伤残之前预防其发生或发生后减轻其功能障碍程度。我国初步建立了三级预防体系:<br>一级预防是指预防致残性伤害和残疾的发生,通过实施免疫接种、围产期保健、预防性咨询、减少暴力、预防交通意外、加强公共场所安全、避免引发伤病的危险因素或危险源、指导健康的生活方式、提倡合理行为及精神卫生、安全防护照顾等措施<br>二级预防是指防止伤害后出现残疾,通过实施残疾早期筛查、定期健康检查、控制危险因素、改变不良生活方式、预防并发症、早期医疗干预、早期康复治疗等措施<br>三级预防是指防治残疾后出现残障,通过实施康复功能训练、假肢矫形器及辅助功能用品用具、康复咨询、支持性医疗及护理、必要的矫形替代性及补偿性手术等措施<br>②开展康复评定和建档工作<br>③开展具体的康复服务 |

## 第三节 残疾人社会工作的主要方法

### 高频考点1:个案管理

| 项 目 | 内 容 |
| --- | --- |
| 残疾人需求评估的特殊性 | (1)理解并评估残疾人及其家庭的内心感知<br>(2)消除社会对残疾人的误解 |

续上表

| 项目 | | 内容 |
| --- | --- | --- |
| 残疾人专业关系建立的特殊性 | | (1)信任是专业关系的基础<br>(2)专业关系的建立是一个过程 |
| 残疾人个案管理 | 概念 | 残疾人个案管理服务是专门提供给那些正处于多种问题且需要多种专业助人者的服务对象的、一种既分工又合作的协同服务。残疾服务对象可能会有一系列的服务需求,包含医疗护理、个人护理、交通困境解决、教育培训、职业恢复、日常娱乐、住房改造、营养支持等,这些服务是一个整体,个案管理的方法就是将整体服务中的各部分整合起来,使之成为一个持续服务的协调性的服务过程 |
| | 个案管理的特点 | (1)由社会工作者整合协调不同专业服务和资源为某个或某种残疾人提供全面性的服务<br>(2)增强残疾人获取资源并运用资源网络的能力,提升对社会环境的适应能力<br>社会工作者在个案管理中的角色是"资源整合者、价值倡导者、服务咨询者" |
| | 主要工作步骤 | (1)建立关系;(2)评估阶段;(3)制订服务方案;(4)获得整合性的资源;(5)整合实施;(6)结束阶段 |

## 高频考点2:社区康复方法

| 项目 | 内容 |
| --- | --- |
| 社区康复的原则 | (1)社会化的工作原则;(2)低成本、广覆盖的原则;(3)因地制宜的原则;(4)因陋就简的原则;(5)因势利导的原则;(6)康复对象及其家庭积极参与的原则 |

续上表

| 项　目 | 内　容 |
| --- | --- |
| 社区康复的内容 | (1)开展残疾的预防;(2)开展康复评定;(3)开展全面康复服务 |

## 高频考点3:职业康复方法

| 项　目 | 内　容 |
| --- | --- |
| 咨询 | 职业康复方法第一个环节是职业咨询,其目的是在接案后针对残疾人的特殊情况和与就业相关的问题,进行综合考察,帮助残疾人解决职业中出现的问题 |
| 评估 | 职业评估通常称为职业评定,是职业康复措施的第二个环节,也就是个案工作的预估 |
| 培训 | 帮助残疾人有效从事职业活动的有效措施,是社会工作者与职业指导师一起对残疾人进行就业前培训和上岗前培训 |
| 就业指导 | 职业康复措施的第四个环节,是根据残疾人的实际情况,提供劳动市场、就业方向等信息以及具体就业指导意见和建议;在有条件的情况下,还要针对残疾人进行职业工作领域中出现的问题提供跟踪服务 |

# 第七章 矫正社会工作

## 第一节 矫正社会工作概述

### 高频考点1:矫正社会工作的功能与作用

| 项 目 | 内 容 |
| --- | --- |
| 针对罪犯的功能与作用 | (1)监管功能。(2)矫正功能。(3)服务功能 |
| 针对社会环境的功能与作用 | (1)营造有利于服务对象更新改造的家庭和社区环境<br>(2)促进刑罚制度朝人性化、科学化方向发展 |

### 高频考点2:服务对象的需要

| 需 要 | 内 容 |
| --- | --- |
| 基本生存条件的保障需要 | 基本生存条件包括:维持基本生活所需的经济收入或低保救助;维持基本生活所需的住房条件;维持身体健康的卫生医疗待遇等 |
| 教育、就业权益的保障需要 | 矫正社会工作的目标是帮助服务对象能够通过自身能力来维持其基本生存条件,因此,教育、就业权益的保障显得尤为重要,要通过帮助其接受较好的教育,以及实现有效就业,实现帮助其自新、自强、自立的目标 |
| 正常家庭生活的需要 | 矫正社会工作者要鼓励和协助服务对象构建和恢复正常的家庭生活,这既是为了满足服务对象对于正常家庭生活的需求,也是为了创造良好家庭环境促进服务对象更顺利转变 |
| 再社会化的服务需要 | 矫正社会工作通过矫正计划措施的实施,促进服务对象恢复和重建其严重缺失的社会功能,成为社会正常的成员 |

## 第二节 矫正社会工作的主要内容

### 高频考点1:矫正社会工作的主要内容

矫正社会工作的主要内容包括司法判决前的服务、监禁场所中的“社会工作”、社区矫正中的“社会工作”以及刑满释放后的“社会工作”四个方面。

### 高频考点2:司法判决前的社会工作

| 项　目 | 内　容 |
| --- | --- |
| 针对犯罪嫌疑人的社会工作介入 | 判决前的调查报告包括3个部分:<br>(1)犯罪事实的记录。其中,犯罪嫌疑人自己对缓刑官关于犯罪供述和辩解,以及警察或被害人的陈述等都要加以记载<br>(2)前科。要求对以前被逮捕及犯罪情况的详尽说明及评价<br>(3)本人的生活史。记载家庭、受教育、工作经历、身体精神状况、宗教、兴趣、社会活动、服役、财产状况等<br>社会工作者要客观准确地写出报告,除了与犯罪嫌疑人交谈外,还要对与其相关的许多人,如家人、邻居、同学、同事、朋友、警察、受害人等进行广泛交谈 |
| 针对服务对象亲友的社会工作介入 | (1)为因事件发生而陷入经济困难的犯罪嫌疑人的家人寻找社会资源以维持生计。如帮助申请社会救济、帮助寻找暂时性工作等<br>(2)为因事件发生而失去依靠的儿童少年安排、照料生活,如寻找替代家庭或收养机构、与学校老师联系以关注学业等<br>(3)为因事件发生而产生心理困扰的家庭成员提供辅导服务 |

### 高频考点3:监禁场所中的社会工作

| 项　目 | 内　容 |
| --- | --- |
| 协助服刑对象适应监禁场所生活 | (1)帮助对象熟悉监狱环境<br>(2)协助服务对象戒除不健康的生活习惯<br>(3)协助服务对象解决生活困难<br>(4)预防服务对象间犯罪观念和行为的交叉感染 |

续上表

| 项　目 | 内　容 |
| --- | --- |
| 为服务对象提供专业咨询服务 | (1)公民教育<br>(2)心理、情绪辅导。通过心理咨询、情绪辅导等方式,改变服务对象偏差扭曲的心理结构和敏感过激的情绪反应<br>(3)职业技能训练<br>(4)人际交往意识与能力提升 |
| 帮助服务对象加强与社会的联系 | (1)帮助服务对象了解外面社会的变化<br>(2)帮助服务对象加强与家庭的联系<br>(3)帮助服务对象构建支持性社会网络 |

## 高频考点4:社区矫正中的社会工作

| 项　目 | 内　容 |
| --- | --- |
| 缓刑、假释、监外执行人员的监督管理 | (1)保持良好品行,不得与品行不端者来往<br>(2)服从司法行政机关、社区矫正机构的命令<br>(3)接受矫正社会工作者辅导<br>(4)及时汇报工作、生活和居住状况,不经批准不得离开居住地等 |
| 为社区服刑人员提供社会服务 | (1)促进就业;(2)帮助接受教育;(3)做好基本生活救助;(4)落实社会保险 |

## 高频考点5:刑满释放后的社会工作

(1)提供住宿场所。

(2)提供就业、就学辅导。

(3)提供生活辅导和医疗保健转介服务。

(4)提供物质援助。

## 第三节 矫正社会工作的主要方法

### 高频考点1:社区矫正中的社会工作直接方法

| 项目 | 内容 |
| --- | --- |
| 个案工作方法在社区矫正中的运用 | (1)要重视和善于与服务对象建立良好的专业关系<br>(2)要有重点分步骤地制订矫正工作计划<br>(3)要着眼于服务对象的潜能发掘和自己解决问题,切忌包办代替<br>(4)要妥善处理为案主保密的原则与维护社会安全的关系 |
| 小组工作方法在社区矫正中的运用 | (1)要针对服务对象带有共性的问题和困惑设计小组活动的主题<br>(2)要从服务对象的特点出发选择小组工作实施模式<br>(3)小组活动的时间安排宜与矫正工作的制度要求相结合<br>(4)要善于从矫正对象中发现和培育小组工作的领导 |

### 高频考点2:社区工作方法在社区矫正中的运用

(1)进行综合治理,以改善矫正对象的生活环境。

(2)开展社区教育,培育社区居民接纳、尊重矫正对象的意识和习惯。

(3)挖掘社区志愿力量,共同参与社区矫正工作。

# 第八章　优抚安置社会工作

## 第一节　优抚安置社会工作概述

### 高频考点:优抚安置社会工作服务对象的特点及需要

| 项　目 | 内　容 |
| --- | --- |
| 优抚安置社会工作服务对象的特点 | (1)覆盖范围广<br>(2)军队情结深<br>(3)需要层次多<br>(4)问题压力重 |
| 优抚安置社会工作服务对象的需要 | 烈士褒扬和军供社会工作服务对象流动性大、服务时间短暂,难以形成相对固定的工作关系,故不具体分析服务对象的需要和问题<br>(1)优抚医院社会工作服务对象的需要:①治疗康复需要;②基本生存需要;③家庭生活需要;④社会交往需要;⑤社会尊重需要<br>(2)光荣院社会工作服务对象的需要:①婚姻家庭的需要;②健康维护的需要;③社会参与的需要;④社会尊重的需要<br>(3)复员退伍军人安置社会工作服务对象的需要:①就业权益保障的需要;②社会再适应的心理调适需要<br>(4)军休社会工作服务对象的需要:①军队情结的需要;②社会尊重的需要;③健康维护的需要;④社会参与的需要 |

## 第二节　优抚安置社会工作的主要内容

### 高频考点1:优抚医院社会工作的内容

(1)协助处置服务对象及其家庭的问题。

(2)协助增强服务对象对医院环境的适应。

(3)协助处理服务对象与医疗系统的关系:

①提供相关的医疗资讯。

②协助及联络医疗团队的各专业同人,为服务对象提供包括生理、心理方面的全面性诊疗。

③协助服务对象及其家庭运用有关的社会资源。

④提供相关的医疗及福利的电话咨询。

⑤个案处理及转介。

⑥疏导医疗纠纷,妥善处理服务对象及其家属的投诉,进行相关的医务纠纷调解,营造良好的就医环境,构建和谐的医患关系。

(4)出院及跟进服务:

①与医护人员一起商讨病情,做好出院评估、制订离院计划;尤其要做好离院前的适应性方面工作。

②教导家庭照顾服务对象。

③协助家庭与服务对象一起设计跟进及检讨方案。

④运用居家照顾及社会康复护理等公营或志愿者服务。

### 高频考点2:光荣院社会工作的内容

| 项　目 | 内　容 |
| --- | --- |
| 主要内容 | (1)做好服务对象入住前的评估和准备工作<br>(2)协助服务对象适应光荣院的新生活,发展积极的人际关系<br>(3)为服务对象提供个案心理辅导,如运用怀旧、生命回顾方面的技巧,帮助服务对象重塑自我,找回生命的意义 |

续上表

| 项　目 | 内　容 |
| --- | --- |
| 主要内容 | (4)通过策划、组织一些简单易学的活动,增进服务对象群体之间的交流,促进互帮互助<br>(5)协助服务对象提高自我管理和自我服务的能力,充分发挥个人的潜能<br>(6)鼓励服务对象参与力所能及的院舍活动<br>(7)引导服务对象正确看待死亡而不会焦虑和恐惧<br>(8)利用社区或社会资源为服务对象服务<br>(9)推动志愿服务并对志愿服务进行督导<br>(10)促进光荣院专业服务的发展和专业质量的提高<br>(11)影响社会及环境的决策<br>(12)其他。由于光荣院存在自然减员,符合收养条件的优抚对象不断减少,为充分利用现有的基础设施、设备和人员,有些光荣院开始了接收社会老人的探索,如何推进孤老优抚对象与社会老人的融合,是社会工作者面临的一个新课题 |
| 特别内容 | (1)疏于照顾问题<br>在光荣院中最常发生3种隐蔽性疏于照顾:①服务对象丧失基本日常活动的选择权;②隔离;③"贴标签"<br>社会工作者的角色是对服务对象疏于照顾的迹象保持警惕,运用自己的专业知识和训练识别可能会遇到这一问题的高风险服务对象,充当"代言人",给行政管理人员提供建议<br>(2)药物滥用与药物依赖问题的预防<br>(3)性与亲密关系的处理 |

## 高频考点3:复员退伍军人安置社会工作的内容

| 项　目 | 内　容 |
| --- | --- |
| 主要内容 | (1)协助服务对象适应新工作和新生活,顺利度过军地转化的过渡期 |

续上表

| 项目 | 内容 |
|---|---|
| 主要内容 | (2)协助服务对象充分利用和发掘自身和外部的正式和非正式社会支持网络<br>(3)加强协调沟通,推进政府主导、部门协作、社会参与的安置格局形成<br>(4)做好信访接待工作,倾听心声、舒缓情绪、提供慰藉<br>(5)协助搭建信息咨询平台<br>(6)积极推进社会政策的良性改变 |
| 特别内容 | 社会再适应 |

## 高频考点4:军休社会工作的内容

| 项目 | 内容 |
|---|---|
| 接收安置前 | (1)收集、分析列入交接计划的军休干部的相关资料,做好待移交军休干部需求的预评估和问题的预诊断<br>(2)协助待移交军休干部了解移交地方后的相关政策 |
| 接收安置中 | (1)协调移交部队解决遗留问题,配合做好交接过程中军休干部的思想工作<br>(2)审核军休干部档案时,及时发现可能存在的问题,做好评估和诊断<br>(3)利用上门"家访"机会,开展有针对性的个案工作<br>(4)利用移交部队、军休服务管理机构、军休干部"三见面"机会,做好群体性的政策解答和心理疏导<br>(5)协调相关部门为军休干部办理医疗、落户、组织关系、档案移交等方面的手续 |
| 接收安置后 | (1)积极引导军休干部进行平民化角色转换,做好心理补偿和精神慰藉,帮助适应移交安置后的新生活,发展新的人际关系,树立积极健康的休养观,推进融入社区和社会,提高幸福指数 |

续上表

| 项　目 | 内　容 |
| --- | --- |
| 接收安置后 | (2)协助有关部门落实军休干部的政治待遇和生活待遇,依法维护军休干部的合法权益,在政策规定范围内实现军休干部利益最大化,实现"老有所养"<br>(3)协助策划、组织形式多样的文体活动,积极培育自发性文体组织,丰富精神文化生活,实现"老有所乐"<br>(4)协助做好军休干部医疗保障工作,实现"老有所医"<br>(5)协助推进军休社区建设,整合社区资源,拓展服务内容,拓宽服务领域,推进服务管理社会化,便捷军休干部居家生活<br>(6)协助军休干部发挥自身综合优势,力所能及发挥余热,实现"老有所教""老有所为"。同时,协助开办老年大学,帮助军休干部学习新知识,实现"老有所学"<br>(7)做好高危军休干部的临终关怀工作,引导正确面对生命的终点<br>(8)培训工作人员,促进专业服务的发展和服务质量的提高;协助做好工作人员的情绪疏导和压力释放工作<br>(9)推动志愿服务,训练、组织、督导志愿者<br>(10)协助促进社会政策的良性改变,推进军休干部同步享受地方离退休干部待遇、同步享受经济社会发展成果,推进实现服务标准化、管理规范化、利益均等化、保障一体化 |

## 第三节　优抚安置社会工作的主要方法

### 高频考点1:光荣院社会工作的主要方法

| 项　目 | 内　容 |
| --- | --- |
| 人生回顾 | (1)建立良好的信任关系<br>(2)回顾人生经历。采用逆序回顾干预方式进行人生整合: |

续上表

| 项目 | 内容 |
| --- | --- |
| 人生回顾 | ①引导服务对象珍惜现在生活的重要性,包括欣赏时间的珍贵,以及真实地活在离开部队后的当下,“学习享受活着”<br>②引导服务对象找到往事的意义,重温旧时欢乐时光,肯定人生中积极经历,以曾经的军旅生涯经历来建构生命的价值<br>③引导服务对象直面自己的局限,坦然放下、接纳生活中好的一面和不好的一面,接受自己独特的人生<br>④引导服务对象重新激活疏离的人际关系(比如甚少联系的侄子),寻求与自己、与他人的和解<br>⑤引导服务对象“拓展个人爱和同情的圈子”,力所能及地关怀他人、服务社会<br>(3)制作人生回顾手册 |
| 哀伤辅导 | (1)在服务对象临终前,组织有相同或相似遭遇的成员进行交流,建立相互支持网络<br>(2)在服务对象离世后,可采用理性情绪治疗法,协助同辈群体对“创伤性丧失”做出适当的情绪反应,及时调整不良的情绪困扰,减轻未被解决的哀伤压力造成的潜在影响,协助接受丧失、经历哀痛、处理依附情结、度过哀伤时期、逐渐恢复功能,尽早重新开始正常生活。社会工作者可以采用一些小组工作技巧:①在小组中分享逝者的故事以及死亡时的情境;②在小组内分享逝者的照片和生命回顾手册;③在小组内留出专门的时间表达失去同伴的感受;④学习放松方法和身体健康锻炼的方法;⑤谈谈他们对死亡和来生的看法 |

## 高频考点 2:复员退伍军人安置社会工作的主要方法

| 项目 | 内容 |
| --- | --- |
| 介入重点 | 社会再适应 |

续上表

| 项　目 | 内　容 |
| --- | --- |
| 介入策略 | 1. 开展个案辅导<br>(1)具体过程:①协助服务对象做好压力预防;②协助服务对象做好减压工作;③协助服务对象构建社会支持网络,加强与同辈群体的联系,积极获取家庭、社区、正式与非正式组织资源,顺利度过军地转化的过渡期<br>(2)介入方法包括:始终以尊重、关注和接纳的方式与服务对象进行沟通,适时予以安慰、鼓励、承认,同时要在现实的基础上表达出对服务对象的信心、肯定和赞许,疏导情绪,使服务对象消除焦虑,减少内疚,化解不满,增强自信,以从容、积极的心态应对新工作和新生活<br>2. 开展小组辅导<br>(1)小组初期:心态调适<br>(2)小组中期:环境探知<br>(3)小组末期:职业准备 |

## 高频考点3:军休社会工作的主要方法

| 项　目 | 内　容 |
| --- | --- |
| 介入重点 | (1)认知重构。(2)放松技巧。(3)社交技能训练。(4)问题解决技巧。(5)系统脱敏。(6)模仿和角色扮演 |
| 介入策略 | (1)微观层面,推进军休老人与社会老人融合<br>(2)中观层面,推进军休社区与驻地社区融合<br>(3)宏观层面,推进军队保障与地方保障融合:<br>①推进军地管理体制"一体化"<br>②推进军地政策体系"一体化"<br>③推进军地社会保障"一体化" |

# 第九章　社会救助社会工作

## 第一节　社会救助社会工作概述

**高频考点1:社会救助的内容**

(1)最低生活保障。

(2)特困人员供养。特困人员供养的主要内容包括:①提供基本生活条件;②对生活不能自理的给予照料;③提供疾病治疗;④办理丧葬事宜。

(3)受灾人员救助。

(4)医疗救助。

(5)教育救助。根据不同教育阶段的需求,教育救助的内容主要包括减免相关费用、发放助学金、给予生活补助、安排勤工助学等。一些地区或学校给贫困学生发放学习用品、校服,或提供免费午餐等,也属于教育救助范畴。

(6)住房救助。

(7)就业救助。

(8)临时救助。

**高频考点2:社会救助的工作原则**

(1)救急难。在一个人的生命和生活处于危急时刻,社会救助要在第一时间给予最直接、最有效的物质帮助,以保全生命、保障基本生活。

(2)托底线。

(3)可持续。

**高频考点3:社会救助对象的主要需求**

(1)生理需求。(2)安全需求。(3)社交需求。(4)尊重需求。(5)自我实现需求。

### 高频考点 4:社会救助社会工作的主要功能

(1)协助服务对象申请适合的救助项目。

(2)协助服务对象提升反贫困的能力。

(3)促进服务对象的社会融合与社会支持。

(4)疏导和解决服务对象的心理困扰。

## 第二节 社会救助社会工作的主要内容

### 高频考点 1:社会救助体系的内容

社会救助体系包括最低生活保障、特困人员供养、受灾人员救助、医疗救助、教育救助、住房救助、就业救助、临时救助等 8 项救助制度。

### 高频考点 2:最低生活保障中的服务内容

(1)服务对象识别。(2)帮助申请救助。(3)提供心理支持。(4)调节家庭关系。(5)开展能力建设。(6)促进社会融入。

### 高频考点 3:特困人员供养中的服务内容

(1)提供基本生活条件。

(2)提供日常生活照料。

(3)提供疾病治疗。

(4)办理丧葬事宜。

### 高频考点 4:医疗救助中的服务内容

(1)协助申请救助。

(2)改善救治环境。

(3)协调医疗资源。要帮助救助对象了解治疗和康复的资源,寻找当地医院以及社区医院的资源,使得救助对象在医院能得到及时的治疗,回到社区能继续治疗和康复。

(4)强化社会支持。

## 高频考点5:教育救助中的服务内容

| 项　目 | 内　容 |
| --- | --- |
| 提供教育机会 | 国家对在义务教育阶段就学的最低生活保障家庭成员、特困供养人员给予教育救助;同时为在高中(含中等职业教育)、普通高等教育阶段就学的这部分人员,以及不能入学的残疾儿童提供适当的教育救助 |
| 提供教育补助 | 我国的教育资助体系共分五个层次,即"奖、贷、助、补、减"。所谓奖,即学校设立奖学金支持家庭困难且学习成绩优秀的学生。所谓贷,即金融机构针对高校困难学生开展的各种助学贷款。所谓助,即政府通过学校发放助学金,同时学校设立勤工俭学岗位,学生可以通过工作获得一些收入。所谓补,即政府每年拨出一定的专款和高校从所收学费中提取一定比例的资金用于对困难学生的生活补助。所谓减,即针对不同专业和经济困难程度不同的学生减少或者免收学费。教育救助根据不同教育阶段需求,采取减免相关费用、发放助学金、给予生活补助、安排勤工助学等方式,保障教育救助对象的基本学习和生活需求。在为贫困大学生提供生活救助的同时,社会工作者也可安排他们参与勤工俭学,在改善生活的同时锻炼能力、提高生活技能 |
| 心理能力建设 | 在儿童和青少年接受教育救助的过程中,社会工作者要关注他们的心理能力建设,给予积极正向的支持,鼓励青少年参与社区和学校的社团活动,多与同辈群体交往;引导青少年多用优势视角看待自己的生活境遇,在生活中获得成长 |

## 高频考点6:就业救助中的服务内容

(1)转变就业观念。

(2)自我认知调整。受自身能力和知识技能所限,以及社会资源缺乏,救助对象在参与就业过程中可能会遇到挫折和挑战,不能及时就业或者就业岗位不能完全符合自己的就业意愿的问题。社会工作者要协助救助对象认真分析就业形势和自身的优势与不足，调整自己的认知和心态，以更加务实和乐观的心态积极就业。

(3)职业技能培训。

(4)连接就业资源。

## 高频考点7：临时救助中的服务内容

| 项　目 | 内　容 |
| --- | --- |
| 危机干预 | 社会工作者面对申请临时救助的人员，要积极采取危机干预措施，真正救急解难，确保服务对象的生命安全 |
| 外展服务 | 外展服务是社会救助社会工作的重要内容，一般包括街头救助和全天候救助两种。街头救助是指借助救助巡逻车和救助亭对街头的流浪、乞讨人员实施救助。全天候救助是指各个地区的救助站24小时开放接待流浪、乞讨或其他需要急难救助的人员。如在广州等地，社会工作者向流浪、乞讨人员派发“救助指引卡”，与城管人员合作劝助，并且动员市民和大学生志愿者劝导、指引流浪、乞讨人员 |
| 机构救助 | 专业社工机构或者社会工作者要向在街头流浪、乞讨的人员告知如何向救助管理机构求助。如果是残疾人、未成年人、老年人或者行动不便的人员，还要引导、护送他们到当地的救助管理机构；对于有突发疾病的人员，要立即通知急救机构进行救治，确保生命安全<br>机构救助包括基本生活安置以及行为思想引导与矫正。流浪乞讨人员没有基本的生活条件，生存缺乏保障。救助机构首先要做的就是给予生活的合理安排。除了物质上的救助，还要开展教育，对其行为和心理进行疏导，消除其懒惰和依赖社会的想法，纠正偏差行为，帮助其分析自身的长处和弱点，鼓励他们独立自强，走出困境 |

## 高频考点8:受灾人员救助中的服务内容

(1)协助安置受灾人员。

(2)及时开展危机干预。

(3)修复社会支持系统。

(4)社区重建与发展。灾后社区重建的内容主要有:①开展社区人居环境重建;②恢复社会生活秩序;③复苏社区的经济秩序。

# 第三节 社会救助社会工作的主要方法

## 高频考点:评估

| 项目 | 内容 |
| --- | --- |
| 评估的主要特点 | (1)保持连续性。(2)救助对象的参与。(3)动态推进,全面了解。(4)合理利用知识和经验。社会工作者要以知识为依据,如人类行为与社会环境中的有关个人成长、家庭关系、精神健康的知识为依据来观察和评估<br>每接触一个新的服务对象,社会工作者应当要有意识地“倒空”自己,不凭借以往类似的经验过早得出结论。同时,社会工作者扎实的专业知识基础,有利于他通过专业的视角从生活的表象看到问题的实质 |
| 如何获得评估信息 | (1)直接询问。(2)家庭探访。(3)间接了解。(4)观察身体语言。(5)使用量表 |

# 第十章　家庭社会工作

## 第一节　家庭社会工作概述

### 高频考点1:家庭社会工作的概述

| 项　目 | 内　容 |
| --- | --- |
| 家庭社会工作的基本特征 | (1)针对家庭的日常生活和沟通交流方式进行干预<br>(2)协助家庭成员改善家庭困扰产生的环境因素<br>(3)为家庭成员提供直接、具体的支持和帮助 |
| 家庭社会工作的基本功能 | (1)增强家庭的能力,帮助家庭成员做好改变的准备<br>(2)结合家庭的治疗和支持,保障家庭维持有效的家庭功能<br>(3)促进家庭功能的改善,维护家庭成员有效、满意的日常生活方式 |
| 家庭社会工作与家庭治疗的关系 | (1)家庭社会工作与家庭治疗的主要区别:①起源不同;②关注焦点不同;③工作理念不同;④专业关系不同<br>(2)家庭社会工作与家庭治疗的联系:①服务领域的相互影响;②服务模式的相互影响;③工作人员的相互影响 |
| 家庭与家庭社会工作 | (1)家庭的类型。根据家庭的结构特征可以把现代生活中的家庭分为6种常见的类型:<br>①核心家庭是指由一对夫妻以及未婚子女组成的家庭<br>②主干家庭是由父母亲和一对已婚子女组成的家庭<br>③联合家庭则包括父母亲和多对已婚子女组成的家庭<br>④领养家庭则是通过法律长久收养子女的家庭<br>⑤在寄养家庭中,父母亲暂时托管和抚养未成年的子女<br>⑥单亲家庭则是由父亲或者母亲一方与未成年子女一起生活的家庭 |

续上表

| 项　目 | 内　容 |
| --- | --- |
| 家庭与家庭社会工作 | (2)家庭的变迁与社会工作。作为社会工作者，需要将家庭结构的改变与家庭成员互动关系的转变以及家庭成员需求的变化联系起来，并且将这些变化放在家庭的日常生活场景中考察 |

**高频考点 2:家庭社会工作的基本假设**

(1)家庭支持是家庭成员社会生活的基础。

(2)家庭中心视角是把握家庭成员需求的关键。

(3)家庭危机是促使家庭成员改变的重要契机。

(4)生态视角是理解家庭内外部环境的重要依据。

## 第二节　家庭社会工作的主要内容

**高频考点 1:家庭社会工作的重要理论和概念**

1. 家庭系统理论

| 项　目 | 内　容 |
| --- | --- |
| 家庭系统理论有 3 个基本的观点 | (1)家庭成员的问题是由整个家庭不良的沟通交流方式导致的<br>(2)家庭所面临的危机既是机会，也是挑战<br>(3)因“问题”而导致的家庭功能失调能够得到有效解决 |
| 家庭系统理论 | (1)家庭作为一个整体大于各部分之和<br>(2)家庭系统努力维持改变和稳定之间的平衡<br>(3)家庭系统中一位成员的改变影响所有其他家庭成员<br>(4)家庭成员的行为遵循循环影响的原则<br>(5)每个家庭系统既包含很多次系统，又归属于更大的社会系统<br>(6)家庭系统依据已经建立的规则运行 |

2. 家庭生命周期理论

| 家庭发展阶段 | 任务和要求 |
| --- | --- |
| 第一阶段：家庭组成阶段 | (1)脱离原生家庭<br>(2)组建新的家庭<br>(3)形成夫妻角色的分工和规则 |
| 第二阶段：学前子女家庭阶段 | (1)学习父亲和母亲的角色<br>(2)调整夫妻的角色 |
| 第三阶段：学龄子女家庭阶段 | (1)培养子女的独立性<br>(2)对学校等新机构和新社会成员保持开放态度<br>(3)接纳家庭角色的变化 |
| 第四阶段：青少年家庭阶段 | (1)调整家庭界限以满足青少年的独立要求<br>(2)适应家庭成员对个人自主性的新要求 |
| 第五阶段：子女独立家庭阶段 | (1)为子女独立生活做准备<br>(2)接纳和增强子女追求自立的要求 |
| 第六阶段：家庭调整阶段 | (1)重新调整夫妻的角色<br>(2)学习把子女作为成人对待 |
| 第七阶段：中年夫妇家庭阶段 | 适应不以子女为中心的新角色的要求 |
| 第八阶段：老年人家庭阶段 | (1)学习与成人子女沟通<br>(2)学习与孙子女交流<br>(3)学习应对衰老带来的困难<br>(4)维持晚年生活的尊严、意义和独立 |

3. 生态系统理论

(1)微观系统是指个人直接面对面接触和交往而组成的系统，它对个人的影响最直接、最频繁，构成个人最重要的生活场所。

(2)中观系统是个人积极参与的两个或多个微观系统之间的互动关系。例如，对儿童来说，家庭和学校关系就是非常重要的中观系统，儿童在家庭生活与学校生活之间的顺利转换，是儿童健康成长过程中不可忽视的方面。

(3)外部系统是指对个人有影响但个人并不直接参与的系统。

(4)宏观系统是指影响个人的思想和行为的社会文化价值系统。它通过生态系统中的微观、中观和外部系统影响家庭成员的思想和行为，反映社会的道德标准。

**高频考点 2:家庭社会工作的主要内容**

(1)改善亲子关系的服务:①家庭行为学习;②家庭照顾技巧训练;③家庭心理健康教育。

(2)改善夫妻关系的服务;①婚姻辅导;②家庭暴力的干预。

## 第三节　家庭社会工作的主要方法

**高频考点 1:家庭社会工作的基本原则**

(1)家庭处境化原则。

(2)家庭成员增能原则。

(3)家庭个别化原则。

(4)家庭成员需求满足原则。

**高频考点 2:家庭社会工作的实施步骤**

| 步　骤 | 内　容 |
|---|---|
| 接触阶段 | 这一阶段的主要任务包括:与受助家庭约定初次会谈的时间和安排、为初次家庭会谈做准备以及安排第一次家庭会谈等 |

续上表

| 步　骤 | 内　容 |
| --- | --- |
| 开始阶段 | 在开始阶段，社会工作者的主要任务包括：与受助家庭成员建立稳定的合作关系、全面评估受助家庭成员的问题以及明确服务介入的目标和基本要求<br>评估受助家庭的问题，社会工作者在此阶段需要倾听每一位家庭成员的解释，理解每一位家庭成员的要求，并且在界定问题时，让每一位家庭成员的观察视角和要求也包含在里面，尊重每一位家庭成员的真实感受 |
| 介入阶段 | 这一阶段社会工作者的主要任务是明确自己的专业角色，并且运用专业技巧影响受助家庭成员，协助家庭成员解决整个家庭面临的问题<br>(1)支持者是指社会工作者在了解受助家庭成员资源限制的同时，认识和调动受助家庭成员的能力，并在此基础上与受助家庭成员建立积极、信任的合作关系，推动受助家庭成员发生积极的改变<br>(2)教育者的角色要求社会工作者把受助家庭成员面临的困难视为某些生活知识和技能的不足，而不是受助家庭成员自身的缺陷，并且向受助家庭成员讲授有关的知识和提供必要的技能训练<br>(3)咨询者的角色要求社会工作者为受助家庭成员提供必要的咨询，帮助受助家庭成员深入了解面临的困难，以便做出准确的判断<br>(4)使能者是指社会工作者为受助家庭成员提供相关服务机构的服务信息，帮助受助家庭成员了解和使用相关机构的服务，增强受助家庭成员运用资源解决问题的能力<br>(5)资源的调动者是社会工作者在家庭服务中经常扮演的角色，它要求社会工作者为受助家庭成员建立和扩展他们的社会支持网络 |

续上表

| 步　骤 | 内　容 |
|---|---|
| 结束阶段 | 在这一阶段,社会工作者需要完成的主要任务是:与受助家庭成员协商服务结束事项以及总结和巩固整个服务活动的成果 |

## 高频考点3:家庭社会工作的常用方法

| 项　目 | 内　容 |
|---|---|
| 家庭评估的常用方法 | 在家庭结构图中,□表示男性;○表示女性;—表示婚姻关系;-//-表示离婚关系;-/-表示分居关系;----表示同居关系。家庭结构图的绘制应遵循3项基本原则:<br>(1)长辈在上,晚辈在下<br>(2)同辈关系中,年长的在左,年幼的在右<br>(3)夫妻关系中,男的在左,女的在右 |
| 家庭干预的常用技巧 | (1)观察技巧<br>(2)聚焦技巧<br>(3)例子使用技巧<br>(4)再标签技巧 |

# 第十一章　学校社会工作

## 第一节　学校社会工作概述

### 高频考点1:学校社会工作及其特点

| 项　目 | 内　容 |
|---|---|
| 学校社会工作的要素 | (1)学校社会工作的属性。学校社会工作是为学校的学生、老师及其环境开展的专业服务,是由专业的社会工作者运用社会工作的理论与方法,在学校及其相关领域实施的一种专业服务,目的在于协助学校成为教育和学习的良好场所,是学生获得其适应当下与未来生活的能力<br>(2)学校社会工作的对象。学校社会工作以全体学生为主要直接服务对象,尤其是"社会－情绪－文化"适应有困难的学生,同时兼顾于服务学校教职工、学生家长、学校和社区环境等<br>(3)学校社会工作者。学校社会工作者首先必须具有社会工作专业的知识、方法、技巧和价值观。其次还需要具备广泛的知识基础,包括有关学校的知识,有关青少年发展的知识,有关学业和职业辅导及训练的相关知识<br>(4)学校社会工作的目的。学校社会工作的主要目的是实现学校育人的目的,协助学生准备面对现在及未来的生活,养成健康人格,培养积极品质,优化社会关系,实现满意人生 |
| 学校社会工作的特点 | (1)专业性。学校社会工作以各种社会科学知识,包括教育学、社会学、心理学的基本理论、研究范式、学术标准、研究方法等,探究学生的社会和心理需要、心理特征、心理困惑,化解冲突,协调人际关系,促进生活幸福<br>(2)科学性。在学校社会工作实务中,经常使用的工作方法有个案工作方法、小组工作方法、社区工作方法和项目化运作等,所有这些工作方法的程序和步骤都是在科学理念的指导下设计完成的 |

续上表

| 项　目 | 内　容 |
| --- | --- |
| 学校社会工作的特点 | (3)艺术性。学校社会工作既是一门科学,又是一门塑造学生心灵的艺术<br>(4)网络性。学校社会工作者要深入了解学生的需要,深刻感受学生和家长的内心,借助成长阳光团队培训、成长向导、成长主题活动和正面成长社区倡导等,形成紧密、灵活、系统、反应敏锐的社会工作网络,连接学生、家长、教师、社区资源,协调各方面关系,积极构建一个有助于儿童和青少年成长的社会工作平台 |

### 高频考点2:学校社会工作的功能

(1)帮助处境不利学生,促进教育机会均等。

(2)推进学生知识学习,为丰富人生奠定基础。

(3)协助学生能力提升,适应社会发展需要。

(4)促进学生人格完善,实现人生积极成长。

(5)协调各方教育资源,形成优质教育合力。

## 第二节　学校社会工作的主要内容

### 高频考点1:满足所有学生一般需要的学校社会工作

| 项　目 | 内　容 |
| --- | --- |
| 促进学生与健康成人和益友的联系 | (1)注重建立老师与学生之间的良好互动关系,协助学生投入到学校生活中。新入学时,学校社会工作者协助每个同学深入了解所有同学,并至少与3位同学成为好朋友<br>(2)注重提升学生对自我性格的认识,并探讨性格对人际关系的影响。学校社会工作者协助学生了解3种不同的性格特点: |

续上表

| 项　目 | 内　容 |
| --- | --- |
| 促进学生与健康成人和益友的联系 | ①"好斗型"性格特征:眼神凌厉,说话大声而耿直,容易责怪别人,常常希望在辩论中获胜,并且先顾及自己的需要。人际关系:由于较少顾及别人,因此这类性格的人与人相处时会使别人感到不被尊重<br>②"被动型"性格特征:与别人很少有眼神接触,说话声量弱小,迟疑、自责、退缩,期望别人明白自己在想什么。人际关系:虽然能保持良好的人际关系,但往往忽略自己真正的需要<br>③"决断关心型"性格特征:真正知道自己的权利,同时也会尊重而不侵犯别人的权利。以温和的声音和眼神与人接触。愿意聆听别人的意见,并能以尊重的态度表达自己的意见。人际关系:能与别人保持良好的关系,受到别人的爱戴,同时也能照顾自己和别人的需要<br>(3)引导学生分辨益友和损友,学习拒绝诱惑的方法,鼓励学生选择顾及自己未来健康发展的益友,拒绝选择有害自己或他人的损友。向学生提供一些拒绝损友诱惑的小锦囊<br>(4)注重巩固学生与父母的关系,建立和谐的家庭关系。协助学生反思一直以来在家里所获得的照顾,鼓励学生为家人多作贡献。教导学生从"对人"和"对事"分辨父母所发出的信息,学会如何恰当地做出回应以建立良好的亲子关系 |
| 增强学生明确自我身份和有效处理冲突的社交能力 | (1)协助学生建立国民身份认同,教导学生认识国歌和国旗,鼓励学生多了解发生在祖国大地上的事情。引导学生了解中国的文化传统对我们日常生活的影响,借此建立与国家的亲密感,增强国家认同<br>(2)协助学生认识自己所生活的城市或乡村,从而认同自己的城市居民或农村村民身份。引导学生欣赏本地的事物,立志共建美好的家乡。通过学校社会工作者的引导和活动,增加学生对所在城乡社区的认同使他/她与朋友、家长、老师 |

续上表

| 项　目 | 内　容 |
| --- | --- |
| 增强学生明确自我身份和有效处理冲突的社交能力 | 及社会的交往都会更加融洽。协助学生建立贡献家乡的愿景,并强调职业不分贵贱,只要尽忠职守便可对家乡作出贡献<br>(3)协助学生通过对居住在家乡的各地人士的了解,明白在日常生活中不应歧视来自不同地区的人士,以建立和谐互助的社会 |
| 增强学生情绪控制和表达能力 | 要培养和强化学生控制和表达情绪的能力,主要技巧如下:识辨自己的情绪;识辨他人的情绪;运用不同的词语和方法表达情绪;对他人的情绪经验有同理心和同情心;了解个人内在情绪与外在表达的必然差异;以健康的方法处理负面情绪;了解情绪交流是建立深厚人际关系的一部分;加强个人对情绪的自我效能感<br>在协助学生满足其情绪觉察、情绪表达和情绪控制需要方面,学校社会工作的主要内容包括:<br>(1)指导学生学习有关情绪的基本概念,使学生明白:情绪是我们对身边的人和事所产生的感受。一切情绪都是与生俱来的,是正常的。我们要了解自己的情绪,适当地表达和处理情绪。社会工作者可设计情景角色扮演让学生体会自己的3种不同情绪,使学生懂得形容情绪或感受是表达情绪的基本技巧,对于不同的事情,每个人都会有一种或几种不同的情绪<br>(2)培养学生分辨个人情绪的能力,认识不同的情绪表达方法,透过分享和体会恰当表达个人情绪<br>(3)提高学生辨识别人感受和情绪的能力,引导学生以同理心去理解别人的情绪,明白与人相处时互相谅解的重要性<br>(4)引导学生认识情绪问题的形成及其影响,探讨情绪与生理反应的互动关系,了解情绪问题的本质,体验以呼吸松弛法、静坐放松法、肌肉放松训练、意象松弛法等策略来舒缓 |

续上表

| 项　目 | 内　容 |
| --- | --- |
| 增强学生情绪控制和表达能力 | 压力,减少负面情绪给身体带来的影响<br>(5)引导学生以正面想法去面对负面情绪,学习以"转换想法"技巧去排除负面感觉和情绪。"转换想法"分为3个步骤:<br>①分辨与判断是否存有非理性想法,依据是这些想法是否符合事实,是否造成困扰<br>②对非理性想法进行驳斥,既能以客观事实为基础进行逻辑性驳斥,又能以事实为证据做实证性驳斥<br>③重建合理想法,驳斥非理性想法之后,需重建以客观事实为基础,用证据去分析或推论的理性想法 |
| 促进学生的认知能力 | (1)引导学生认识理性、创意和批判3种不同的思考方法,明白反思的重要性,并掌握反思的基本方法<br>(2)引导学生在3种不同的思考方法基础上掌握各种思维性格的特点,例如行政人员型、发明家型和侦探型各有其思维性格特点,并学习应用不同的思维性格使学习达到更高的成效<br>(3)引导学生运用不同的思维性格处理日常生活中的难题,培育以创意思维解决问题的能力<br>(4)引导学生认识事实和意见的区别,通过分辨事实和意见来分析日常生活中的信息,培养以批判思考分析日常生活中的信息 |
| 提升学生的行动能力 | (1)注重改善学生的常规社交行为,教导学生如何分辨善意批评和恶意批评,明白恶意批评不能带来正面的效果,引导学生做出善意的、具有建设性的批评行动<br>(2)帮助学生学会道歉。引导学生认识不同的道歉方法,思考具有创意的道歉方式,鼓励学生养成道歉的习惯 |

续上表

| 项目 | 内容 |
| --- | --- |
| 提升学生的行动能力 | (3)指导学生如何赞赏别人和正确回应别人的赞赏,协助学生感受赞赏及获得赞赏的快乐。增进个人经验,从道理上明白赞赏是开心的,学会多留意和欣赏身边的人和事,从而诚恳地赞赏<br>(4)引导学生探讨宽恕的意义,让他们明白真心原谅别人的重要性,并鼓励学生用宽恕的态度去对待身边的人。最终希望学生明白,责怪别人和以有仇必报的心态处理事情,不但不能解决问题,反而会伤害自己 |
| 提升学生分辨是非的能力 | (1)教导学生了解公平的意义及其重要性,鼓励学生在日常生活中坚持公平原则。明白公平的原则维持,需要大家共同付出和平衡各方的需要,做到情理兼顾<br>(2)引导学生学会在追求公平时,懂得尊重别人并顾及他人的需要和感受。明白公平并不代表人人可以得到自己期望的待遇和任意地争取个人的权利<br>(3)引导学生懂得反省自私的行为,学会顾及他人的需要,从而帮助他人。在帮助别人时,要有勇气、智慧和策略<br>(4)引导学生探讨与朋友发生矛盾时应有的态度,使学生明白必须认真、严肃地对待朋友之间的矛盾。一旦成为好朋友就要真诚相待,不要轻易地放弃任何一段友情,借此带领学生建构一套正确的与朋友相处的态度和价值,旨在发展学生尽责的动机<br>(5)引导学生探讨诚信议题,让学生明白诚实与个人信誉的关系,并了解人际关系对诚实行为的影响,反思勇于为自己行为承担责任的重要性。学生要学会在复杂的“情”与“理”的问题上分析诚实的价值。由于友谊与诚实之间可能有冲突,学生必须了解价值之间的逻辑联系,了解自己的价值取向,建立诚实和勇于承担自己行为的价值原则,并做出道德决定 |

续上表

| 项　目 | 内　容 |
| --- | --- |
| 增强学生自我效能感 | (1)培养学生的自尊自信。引导学生辨识在不同领域里的自我效能感,体验自己在学业、社交、仪表和生活习惯方面的优势,拥有自尊与自信<br>(2)挖掘和激发学生的能力。引导学生通过其自身的成功经验体验自我效能感,从以往的生活和学习中挖掘和寻找成功的事例<br>(3)协助学生订立切实可行的目标<br>(4)增强学生的自我效能感。协助学生提升学习方面的自我效能感,包括学习目标、困难或障碍、能力强或弱、提升学习成效的方法、时间管理,了解不同的学习策略,发掘适合个人的学习策略<br>(5)降低负面自我效能感。引导学生减少扭曲思想对自我效能感的负面影响,学习识破4种常见的扭曲思想:<br>①“非黑即白”用是或不是这样“绝对”的思想影响人<br>②“灰色眼镜”使人看一件事情时只着眼于负面或令人感到沮丧的地方,而忽略其他好的方面<br>③“以偏概全”使人把个别事件或贬低自我的想法无限放大<br>④“透视心意”使人单凭直觉猜测别人的想法和用心,还信以为真 |
| 促进学生培养亲社会规范 | (1)协助学习社会规范。(2)协助学习社会文化。(3)协助学习承担社会责任。(4)协助学习社会角色行为。(5)协助学生分辨是非能力。(6)培养道德感。(7)培养分析能力 |

## 高频考点2:满足部分学生特殊需求的学校社会工作

1. 学业困境学生

| 项　目 | 内　容 |
| --- | --- |
| 出现学业困境的原因 | (1)学生自身原因:①存在生理缺陷和心理障碍;②学习的心理动力不足,缺乏学习动机,自我认知悲观消极,情绪不稳定等;③学习能力低,学习方法和学习习惯不良;④偏科或者学习基础差 |

续上表

| 项目 | 内容 |
| --- | --- |
| 出现学业困境的原因 | (2)学校因素:①有的教师的教学方法不利于学生听讲或掌握知识;②教师的教学态度因素;③学生之间恶性的竞争氛围,同学关系紧张有可能使学生无心学业,甚至对学习产生抵触心理<br>(3)家庭因素。家庭的学习环境和父母的管教方式,都会影响学生的学习成绩。家庭环境吵闹,或者家人经常发生矛盾,父母管教过于严厉,要求苛刻,或者过分溺爱纵容,都会造成学生适应困难<br>(4)社区因素。社区的环境和学生的社交关系网络对学业影响巨大。如果社区内遍布网吧、游戏厅等,学生认识的朋友也多游手好闲,学生很难不受其影响 |
| 对学业困境学生的服务 | (1)个案帮助。对于一般原因引起的学业困境问题,可以采用个案工作的方法,以服务对象的学业进步为中心任务,通过学生的家长、老师、同学等收集资料,判断其问题形成的原因。通过与学生沟通、协调,协助其制订解决此问题的个案服务方案<br>(2)团体互助。对那些在学习障碍方面存在共性的学生,如注意力不集中、缺乏学习兴趣、考试焦虑等,可以采取小组工作的方法,把面临同样问题的学生组成一个小组,彼此分享感受,达到互相鼓励、互相促进的效果<br>(3)与任课教师合作。对那些有学习障碍的学生,如考试焦虑、读写困难等,在充分了解他们的情况后,学校社会工作者可以代表其与学校老师商谈,建议采取个别化教学的方法,通过对他们降低学业要求、改变教学方式或补课等方式,协助其走出困境<br>(4)整合社会资源。对因家庭问题陷入学习困境的学生,学校社会工作者可与其家庭联系,请家人合作,以帮助学生营造一个良好的学习环境 |

2. 人际关系困境学生

| 项　目 | 内　容 |
| --- | --- |
| 人际关系困境的表现 | (1)沉默寡言型。这部分学生通常自我封闭,不爱说话,不喜欢与人打交道。在深层次上是因为他们缺乏人际交往能力,自信心不足<br>(2)遭人排挤型。这部分学生通常自我意识强烈,对人对事坚持己见,容易与人产生误会和争执<br>(3)行为偏激型。这部分学生通常态度傲慢,一意孤行,不服管教,经常与同学、老师、家长发生冲突<br>(4)专横霸道型。这部分学生往往凭借自己健壮的体型、优越的背景、出格的言行或特有的技能欺负弱小,拉帮结派,与人为敌,以此达到其扩大影响、彰显个性、抵制权威、表达自我的内在目的 |
| 服务 | (1)个案帮助;(2)团体促进;(3)能力提升与德育教育结合;(4)家校资源整合 |

3. 家庭生活困境学生

| 项　目 | 内　容 |
| --- | --- |
| 学生面临的主要困境 | (1)情绪问题。他们容易遭人歧视,不被社会认可,容易产生自卑心理,有很大的精神压力<br>(2)经济压力问题。这些特殊家庭一般都会面临一定程度的经济压力<br>(3)孩子照顾的问题。这些家庭对孩子的关注一般较少,有的甚至对孩子疏于照顾 |
| 服　务 | (1)情感支持<br>(2)发展支持系统。学校社会工作者可以采用小组工作方法,把相似家庭背景的孩子组成互助或成长小组,让他们互相支持、互相学习,共同探讨解决问题的方法。在小组中,积极挖掘学生的内在潜力,鼓舞他们的生活勇气,使他们看到家庭 |

续上表

| 项目 | 内容 |
| --- | --- |
| 服务 | 和自己的资源,学会以积极心态面对生活。充分利用小组资源,形成社会支持系统<br>(3)运用社会资源<br>(4)开发学生潜能 |

4. 心理困境学生

(1)个案帮助。对那些一时存在心理困扰的学生,学校社会工作者可以通过个案工作的方式,与他们沟通交流,帮助他们缓解内心压力,舒缓情绪,协助他们恢复正常的学校生活。

(2)小组帮扶。对于那些有着相同问题的学生,学校社会工作者可以把他们组成一个小组,让他们互相沟通,交流心事,以他人为镜,发现并改正自己的问题,从而达到彼此之间互相促进的效果。与家长协同合作,给予学生理解和支持。

(3)普及心理学知识。使同学们正确理解心理状况困境并不等同于精神病,请同学们多给予理解和帮助。

(4)营造良好学校环境。与学校和老师合作,对这些学生给予区别对待,使学生的压力减少到最小。同时,对那些确实存在严重心理障碍的学生,可以把他们转介给专业的心理老师或者心理医生。

5. 特殊行为问题学生

(1)深入细致的个案工作。学校社会工作者可以利用个案辅导,探究问题行为的真正原因。针对具体原因,制订介入计划,实施辅导。工作要点包括:澄清学生的角色、认知问题行为的后果、提供心理支持、建立正确的学习态度和方式、促进行为改变和良好行为的形成等。

(2)建立团体,形成正向影响。学校社会工作者可以运用小组工作方法,组建兴趣小组、交流小组等互助成长小组。让学生在小组中发泄情绪与压力,获得彼此支持,交流成长体会,学习成长经验,增强正向动机,帮助学生获得成就,提高自信。

(3)关注家庭,凝聚力量。通过家访了解家长的管教方式、亲子关系及家庭状况,利用家长会传授亲职教育方法,促使家长改善家庭环境,改变教育理念,改变教育方法,帮助家长识别并改变孩子的问题行为。

(4)开发社会资源,争取社会支持。学校社会工作者需要协调当地的公安、警察、校外教育机构一起行动,取缔社区内的不良场所,防止不良因素对青少年的影响。消除暴力隐患,优化社区文化,形成社区文明,为青少年创设健康、积极的社会环境。

## 第三节 学校社会工作的主要方法

### 高频考点1:抗逆力理论和方法

| 项目 | 内容 |
|---|---|
| 抗逆力的构成要素 | (1)外部支持因素:包括拥有正向的连接关系、坚定清晰的规范、关怀支持的环境、积极合理的期望、有意义的参与机会<br>(2)内在优势因素:包括完美的个人形象感、积极乐观感。积极的个人形象感是指个体对自我具有较强的认同感,能够接纳自我,同时具有高自尊以及高度自我价值感<br>(3)效能因素:包括人际技巧、解决问题能力、情绪管理及目标制订等 |
| 培养学生抗逆力的方法和基本步骤 | “抗逆力轮”指出了学校社会工作的操作方法,包括6个步骤,1~3步属于危机缓冲系统,重在帮助学生面对危机与压力时做出调整;4~6步属于抗逆力建构系统,重在促进学生建构抗逆力 |

续上表

| 项目 | 内容 |
| --- | --- |
| 培养学生抗逆力的方法和基本步骤 | (1)促进亲社会联结<br>(2)建立清楚一致的行为和规范<br>(3)教授生活技能<br>(4)提供关怀与支持。关怀与支持是抗逆力形成的关键因素,缺少关怀的人几乎不可能克服逆境<br>(5)建立和表达高期望<br>(6)提供机会,促进参与 |

## 高频考点2:个案管理方法在学校社会工作中的运用

| 项目 | 内容 |
| --- | --- |
| 学校社会工作个案管理的适用对象 | 学校社会工作进行个案管理的对象是那些有特殊需要的、处境不利的学生,主要包括学业困境、人际关系困境、家庭生活困境、心理困境及有特殊行为问题的学生 |
| 个案管理的过程 | (1)识别服务对象<br>(2)对服务对象的生态系统进行分析,评估服务对象的需求<br>(3)评估服务对象的社会支持网络<br>(4)进行资源—社会支持网络—服务对象的对接<br>(5)监管服务的传送<br>(6)评估。评估包括学生评估和服务系统传输评估。对学生的评估可以从学生的生活状况、情绪状况和学习状况来进行前后比较。对服务系统传输评估可以通过学生及其家庭对其社会支持网络的利用率以及资源与需求对接的程度来判定 |
| 个案管理者的角色 | (1)服务经纪人<br>(2)使能者 |

# 第十二章　社区社会工作

## 第一节　社区社会工作概述

### 高频考点:社区社会工作的目标

(1)促进居民参与,解决社区问题。

(2)改善社区关系,提升社区意识。

(3)挖掘社区资源,满足社区需求。

## 第二节　社区社会工作的主要内容

### 高频考点:城市社区社会工作的主要内容

1. 社区公共服务

| 项　目 | 内　容 |
|---|---|
| 社区就业服务 | (1)开发社区就业岗位,鼓励多种形式就业<br>(2)宣传和执行落实再就业优惠政策<br>(3)开展社区就业服务和就业培训 |
| 社区福利服务 | (1)为老年人提供的福利服务。从社区服务的角度来说,主要有:①养老服务;②文化教育服务;③健康服务;④再就业服务,使低龄健康老人发挥余热,进行劳务中介;⑤婚姻服务<br>(2)为残疾人提供的福利服务<br>(3)为优抚对象提供的福利服务<br>(4)为青少年提供的福利服务<br>(5)为贫困者提供的福利服务 |
| 社区教育 | 社区教育的内容:<br>(1)从社区教育的基本目标看,社区教育的内容包括:①补偿式教育。②控制式教育:通过一些宣传教育的活动,重点控 |

续上表

| 项 目 | 内 容 |
|---|---|
| 社区教育 | 制不守公德和秩序的行为,这种社区教育是以阻止性为主,通常不是树立正面的模范去宣传理想公民所应有的态度和表现。③发展式教育<br>(2)从社区教育的服务功能角度看,主要内容包括:<br>①家庭生活教育。推动家庭生活教育的目的,是预防家庭解体及其引发的相关社会问题。通常是运用讲座、展览、小组及宣传活动,灌输家庭沟通和人际相处的态度和方法<br>②公民教育。这方面社区教育的重点对象是青少年,期望他们能够通过社区平台了解、接纳社会现象和问题,为解决社会问题做好准备。公民教育也是我国社区教育重点内容,主要强调要以社区为依托,以全体社区成员尤其是社区青少年为对象,以提高全民素质和培养"四有"新人为宗旨。<br>③成人教育。成人教育主要以因各种原因失学或未能接受正规教育的人士为对象,为他们提供教育机会<br>④健康教育。健康教育主要是以社区为单位,向居民提供健康和预防疾病的知识 |
| 社区治安 | 社区治安的主要内容包括:<br>(1)宣传教育工作:①法律政策的宣传;②社会治安防范知识的宣传<br>(2)协助公安机关开展工作<br>(3)协助有关部门加强对外来人口的服务与管理<br>(4)向政府及公安机关反映社区治安动态,提出对社区治安管理工作的意见、要求和建议 |

2. 社区志愿服务

(1)策划社区志愿服务项目,带领志愿者开展服务。

(2)发掘培养志愿者骨干,培育扶持社区志愿服务组织。

(3)组织开展志愿者培训,提升服务水平。

(4)做好志愿者管理,推动志愿服务事业持续发展。

## 第三节 社区社会工作的主要方法

### 高频考点1:社区社会工作的过程

| 过 程 | 内 容 |
| --- | --- |
| 社区分析 | (1)社区类型分析<br>(2)社区基本情况分析<br>(3)社区问题分析<br>(4)社区需求分析:<br>①感觉性需求。指社区居民或服务对象感受到或意识到,并用言语表述出来的需要<br>②表达性需求。指社区居民或服务对象把自身的感觉通过行动表达出来的需要,例如申请服务、排队等候服务等<br>③规范性需求。指由专家学者、专业人士、政府行政官员评估而决定的需求<br>④比较性需求。指社区居民或服务对象将所得到的服务与其他类似社区进行比较,而认为有所差别的需要 |
| 社区服务(活动)方案策划 | (1)服务(活动)策划前的分析工作:<br>①服务对象分析<br>②问题分析<br>③服务(活动)的逻辑推进步骤分析。即界定和确认问题→确认要达到的目标→选定评估的指标→寻找各种可行的方案→计算每个方案的成本(包括人力、物力、时间)→计算每个方案的成效→列举方案并进行比较分析<br>(2)服务(活动)策划的过程:<br>①确认社区需求 |

续上表

| 过　程 | 内　容 |
| --- | --- |
| 社区服务（活动）方案策划 | ②了解社区居民或服务对象的特征<br>③订立工作目标<br>④评估自身的能力<br>⑤制订工作进度表<br>⑥程序编排 |
| 社区服务（活动）方案执行 | (1)筹备阶段。筹备阶段主要进行的是人、财、物的配置以及服务（活动）的宣传和推广工作：<br>①在经费筹措方面，主要途径有申请政府资金补助、向社会筹款，有些发展性和娱乐性项目也可以向服务对象或者居民合理收取一定的费用<br>②在人力安排上，应规划配置几位专业社会工作者，要招募多少志愿者来协助活动的开展<br>③在场地安排上，应考虑场地的面积和布置，灯光、音响、麦克、电脑、投影仪等设备的安排，桌椅的数量及其摆放方式等<br>④在服务（活动）的宣传推广方面，首先要清楚向谁宣传，宣传的目的是什么，要传递的信息是什么，然后设计宣传策略和方法来吸引社区居民或服务对象的注意，激发其参加活动<br>(2)服务或活动阶段。这个阶段主要开展的工作有：<br>①预算管理<br>②时间进度管理<br>③服务品质管理<br>④士气激励和提升<br>(3)结束阶段：①经费报销；②服务资料及时归档；③对专业社会工作者和志愿者进行表彰；④对服务（活动）成效进行评估，包括对服务（活动）过程和服务（活动）结果进行评估 |

续上表

| 过　程 | 内　容 |
| --- | --- |
| 社区服务(活动)方案评估 | (1)社区服务(活动)方案的评估方法。社区服务(活动)方案的评估方法包括定量评估法和定性评估法<br>①定量评估法的特点:一是用数字表现评估结果;二是评估者事先预设了某些答案,然后再由参加服务(活动)的社区居民或服务对象对答案进行选择<br>②定性评估法的特点:一是用文字来表达评估结果;二是评估者事先不预设答案,只是听取参与服务(活动)的社区居民或服务对象的意见和看法,然后再进行归纳和总结<br>(2)社区服务(活动)方案的评估内容。社区服务(活动)方案成效评估的方法有两种:<br>①可以采取定量的方法,即通过事先设计的问卷,采用问卷调查法,收集社区居民和服务对象参与服务(活动)后的满意度<br>②可以采用定性的方法,即通过深度访谈、观察、文件档案整理分析来评价社区服务(活动)方案的成效<br>社区服务(活动)方案过程评估一般只能采取定性评估法,重点是总结方案设计情况,以及方案筹备、进行和结束等阶段的基本情况 |

## 高频考点2:社区社会工作的主要方法

| 项　目 | 内　容 |
| --- | --- |
| 资源连接 | (1)资源整合。(2)资源共享。(3)资源流通 |
| 推动居民参与 | (1)社区参与的层次和形式:<br>①告知。属于最低层次的参与。社区居民单方面获得上级对社区进行建设或改造的规划和信息,却没有任何机会改变既定规划 |

续上表

| 项目 | 内容 |
| --- | --- |
| 推动居民参与 | ②咨询。比“告知”上升了一个层次。有关部门除了告诉基层社区、重要利益关系人和相关组织将要进行社区建设或改造的规划和信息,并进一步征求他们的意见,同时也会在规划修订过程中考虑他们提出的意见<br>③协商。社区进行建设和改造时,邀请受此影响的社区居民一起了解和讨论计划内容,推动居民成为决策过程中的一分子。不过,虽然居民被邀请参加了决策过程,但社区建设或改造的最初设计者通常会设定讨论议题的范围,限定其他参与者的决策权<br>④共同行动。在决策过程中,社区建设或改造的规划由大家共同决策,并在决策过程中分配任务,让大家共同分担执行责任,形成分工与合作<br>⑤社区居民自治。这是最高层次的参与形式<br>(2)影响社区居民参与的因素分析:<br>①参与价值。社区居民对参与社区事务通常会有3种态度:第一种是不关心;第二种是自责;第三种是无用感<br>②参与意愿<br>③参与能力。参与能力可能受两个主要因素的影响:第一个是时间和金钱。第二个是知识与技巧<br>(3)推动社区居民参与的策略:<br>①促进社区居民对参与价值的肯定。通过社区教育和社区宣传,唤醒居民对社区问题的关注,改变他们对社区的冷漠态度,加强其对参与成效的信心。具体方法包括社区研讨会、座谈会、居民大会、社区展览会、教育讲座、记者招待会和公布社区调查结果等<br>②提升社区居民的参与意愿。一方面充分考虑家人和亲友对参与意愿的正负面影响,邀请和鼓励他们同时参与,或尽量 |

续上表

| 项　目 | 内　容 |
| --- | --- |
| 推动居民参与 | 减少其负面的影响。另一方面要考虑到居民参与意愿很大程度决定于所参与的社区事务是否与他们的生活或利益密切相关。因此,社会工作者在选择工作的目标和方向时,最好能与居民的利益挂钩<br>③提高社区居民的参与能力 |
| 建立社区支持网络 | (1)个人网络<br>(2)志愿者联系网络<br>(3)互助网络。把面对相同问题或具有相似兴趣或能力的人聚合在一起,帮助他们建立联系,促进他们互相帮助和互相支援<br>(4)邻里协助网络。社区社会工作者认为社区中的邻里、社区商店员工、物业公司职工、保洁员、保安员等在为服务对象提供支援上扮演着重要角色,并且可以用最自然、最快捷的方式,为服务对象提供支持。具体做法是社区社会工作者通过举办各种活动召集和推动邻里了解服务对象,强化邻里和服务对象之间的联系,发展互助性支持,有效减低正规服务的烙印效果 |

# 第十三章　医务社会工作

## 第一节　医务社会工作概述

### 高频考点1:医务社会工作的概念

| 项　目 | 内　容 |
| --- | --- |
| 医务社会工作的定义 | (1)狭义的医务社会工作是指在医疗保健机构中围绕疾病的诊断、治疗与康复过程所展开的社会工作专业服务,其内容主要包括协助病人及其家属解决与疾病相关的情绪问题、获取更多的资源以及对医疗过程的适应等<br>(2)从广义上来说,医务社会工作不仅协助病人及其家庭解决与疾病相关的社会、心理问题,而且也注重对影响健康的社会心理因素的探索和开发,并且利用社区与社会的资源,推进医疗保健与社会福利的整合,促进对疾病的预防,保护公众健康 |
| 医务社会工作的功能 | (1)诊断与评估;(2)咨询与辅导;(3)寻求与整合资源;(4)政策和服务倡导;(5)多专业协调与合作 |

### 高频考点2:医务社会工作的特点

(1)与医疗卫生体系相融合。

(2)以服务对象的健康为主导。

(3)以病人为中心。

(4)服务规范的专业化。

## 第二节　医务社会工作的主要内容

### 高频考点1:公共卫生领域社会工作的主要内容

(1)以流行病学的方法来认识社会问题对全人类健康状态和

社会功能的影响,强调初级预防层面的干预。

(2)专注于通过干预,强化社区、家庭及个人的健康水平,以此提高他们的健康、福祉和社会心理功能,尽量减少残疾的发生和院舍化的照顾。

(3)在一个多学科的环境下,由社会工作者与其他健康以及为专业人员合作,确保所有目标人群都能获取健康照顾和社会服务。

## 高频考点2:疾病治疗领域社会工作

1. 急诊室的社会工作

| 项　目 | 内　容 |
| --- | --- |
| 急诊室开展社会工作服务的必要性 | (1)病患及其家属的心理危机干预的需要:①急诊患者发病急、变化快、来得突然,患者及其家属心理恐慌,容易面临巨大压力,产生焦虑、抑郁、恐惧等剧烈情绪变化。②急诊医护人员需要投入大量和紧急的医疗工作,无法抽出精力去关注患者及其家属心理及社会情绪方面的变化,对他们的焦虑和担心在整个医疗过程中往往有心无力,无暇顾及。③严重交通事故、伤残,甚至死亡发生时,急诊室开展社会工作服务对患者及其家属进行心理辅导、哀伤辅导等支持性服务,关注他们的心理、社会需求,缓解他们的心理危机<br>(2)医疗团队及其成员的需要:①急诊室的物理环境和服务环境,相较于门诊或住院病房,更容易显现出紧张、快速、高压力甚至是混乱的情境。②急诊是医院工作环境中节奏最快、问题最集中的地方,需要工作人员判断准确、反应迅速、处理果断,也是分秒必争的地方。③急诊医护人员要独立面对错综复杂的情况,应对各类突发事件,生理与心理同时承受极大挑战,难以顾及其病人及家属的心理反应<br>(3)急诊管理的需要:①在医院资源有限的情况下,急诊室不可能接待所有病人,这时候就需要及时转介至其他部门或医院。②对一些特殊的病人(如无人照顾的病人),需要提供基本生活支持并联系相应社会资源,进而提高急诊工作效率,提升急诊医疗服务品质 |

续上表

| 项　目 | 内　容 |
| --- | --- |
| 急诊室社会工作服务内容 | (1)支持病患及其家庭:①急诊服务是面向所有病人,但急诊资源的有限性,社会工作者必须在了解病人的病情与病程、家庭经济状况、社会支持系统的基础上,整合社会资源,协助病患及其家属。②当病人到急诊求诊时,其家属同样也面临重大压力。社会工作者针对家属情绪做适当处理,即使病人无法如愿留在该院接受治疗,其家属也可以做有效的处理。对于无法在急诊室处理的问题,可以转介做追踪处理。③帮助病人及其家属获取各种社会资源与社会支持。很多急诊病人是遭遇重大灾难的人员,他们在急诊过程中往往缺乏心理、经济以及社会的支持。社会工作者必须帮助他们获取各种社会资源<br>(2)协助配合医护人员<br>(3)协调急诊管理 |

2. 妇女儿童医务社会工作

| 项　目 | 内　容 |
| --- | --- |
| 妇产科医务社会工作的内容 | (1)常见话题(以宫颈癌为例):①疾病适应问题。无法适应治疗及其副作用。如尿、便失禁,呕吐、疼痛、丧失食欲等;对疾病不了解、误解、不能配合治疗。特别是家属要求隐瞒病情时,情形更严重。②心理的调试问题。对性焦虑,担心影响性生活;自我形象的焦虑,性角色、性能力的担忧。③经济问题。长期的医疗费用负担,形成压力及实际困难。④情绪问题。否认、沮丧、恐惧、无助、焦虑等心理反应。⑤家庭问题。夫妻关系改变或更加恶化<br>(2)主要服务内容:①协助病患及其家属了解病情与治疗计划,鼓励配合治疗,并增强其信心;②疏导病患与其家属焦虑、不安、沮丧的情绪;③转介病友或志愿者,协助病情适应;④透过病友团体提供支持;⑤协助医疗费的减免及申请社会资源 |

续上表

| 项　目 | 内　容 |
|---|---|
| 儿童医院医务社会工作的内容 | (1)对儿童患者而言,社会工作者应该帮助其适应医院环境和治疗过程,降低其对于医院和治疗的恐惧感,采用适合患者生理、心理发展阶段的社会工作方法,与患者建立良好的专业关系,通过促进患者情感的表达帮助其认识疾病、适应治疗环境,缓解其因疾病产生的心理和行为问题<br>(2)对照顾者来说,社会工作者的工作重点是帮助个体或整个家庭从疾病造成的混乱中恢复正常,将整个家庭的功能调节到正常的状态。用个案或者小组的方法,帮助他们处理情绪上的问题,提升其照顾患者的能力,也可采用家庭治疗来处理家庭成员关系方面的问题。另外可以整合相应的社区资源来帮助照顾者减轻照护或者经济方面的压力,建构照顾者的支持系统 |

3. 肿瘤治疗康复与纾缓疗护社会工作

社会工作者在肿瘤/癌症治疗与纾缓疗护的过程中主要服务内容有:(1)经济资源协助;(2)情绪心理辅导;(3)协调医患沟通;(4)社会福利咨询;(5)出院安置计划;(6)家属哀伤辅导等。

## 高频考点3:社会工作者在精神卫生领域的作用

| 项　目 | 内　容 |
|---|---|
| 社会工作者在精神卫生领域的角色 | (1)微观层面指在精神医疗机构和从社区中从事精神卫生临床社会工作服务的社会工作者,其角色是:诊断者、辅导者、教育者、倡导者、转介者和协调者<br>(2)宏观层面主要指更多在政策服务方面的角色,包括行政者、推动者和研究者 |
| 精神卫生领域社会工作主要内容 | (1)针对住院患者而言。社会工作服务主要包括:①住院适应;②心理支持;③各类治疗方法整合<br>(2)针对精神病患者家属而言。社会工作服务主要包括:①减轻照顾者的压力;②获得精神疾病知识辅导和支持 |

续上表

| 项 目 | 内 容 |
| --- | --- |
| 精神卫生领域社会工作主要内容 | (3)针对社区精神康复而言。社会工作服务主要包括:①普及精神健康知识;②开展精神疾病患者康复训练;③社区资源链接;④提供咨询;⑤开展转介工作 |

## 第三节　医务社会工作的主要方法

### 高频考点1:医疗机构与疾病治疗领域社会工作常用方法

1. 针对慢性疾病患者与长期照顾者的常用社会工作方法

| 项 目 | 内 容 |
| --- | --- |
| 个案管理 | (1)社会心理评估<br>(2)治疗依从性管理。社会工作者对患者进行依从治疗的咨询可以包括四个不同的阶段:<br>①评估和界定依从治疗的问题。对患者的社会支持、生活方式、心理因素、健康信念及依从治疗史进行评估<br>②制订治疗方案。根据评估一项切实可行的治疗方案;鼓励患者参与制订治疗方案;促进患者与医生的沟通;鼓励患者与医务人员联合决策治疗方法<br>③为了促进行为改变,社会工作者可以尝试以下3类方法:一是促进行为的改变,社会工作者可以使用协助患者将"治疗目标转化为行为目标""鼓励患者使用自我管理的方法""教会患者预防高危状况"3种方法协助患者改变以往的行为;二是激活社会支持,加强和拓展患者家庭内部和外部的支持网络;三是促进家庭成员共同承担责任,譬如鼓励家庭成员之间分享各自的情绪以加强情绪支持 |

续上表

| 项　目 | 内　容 |
| --- | --- |
| 个案管理 | ④维持患者的依从。维持技巧包括:教授如何应对失误;跟进患者,随时提供支持等<br>(3)压力管理。①社会工作者通过咨询,帮助患者及家庭辨明压力来源,认知压力的表现,以便于更好的管理压力;②根据压力的程度可以采取综合干预方法;③由于患者和照顾者的压力互相影响,社会工作者需对患者和照顾者共同进行评估和干预;④压力管理要结合心理教育,为患者及家属提供心理情绪支持、连接社会支持,舒缓患者及家属的压力;⑤以冥想为基础的减压课程、心理疗法、锻炼和放松训练等也是比较常用的方法 |
| 小组工作 | (1)沟通技巧训练。(2)健康教育 |

2. 急诊室常用的社会工作方法

| 项　目 | 内　容 |
| --- | --- |
| 急诊室社会工作需要处理的常见问题 | (1)应激障碍症<br>(2)心理—社会反应<br>(3)哀伤 |
| 急诊室社会工作的主要方法 | (1)危机干预;(2)出院准备服务;(3)社会心理评估;(4)咨询服务 |

3. 纾缓疗护的方法

纾缓疗护以改善肿瘤或慢性疾病患者及其家庭的生理、心理、社会功能的适应不良为目的。主要做法包括:

(1)协助病人及其家庭参与到服务计划中,提出问题,做出决策,以澄清需求并排列出重要事项;获取信息和资源。

(2)调解家庭问题的并提供支持了协助家庭满足需求、处理想法和感受。

(3)协调并组织协助病患的个案会议,让家庭成员一起表达他们的需求、关注点和愿望。

(4)提供转介服务,帮助患者和家庭获得社会支持和帮助,同时协助照顾者得到休息的机会。

## 高频考点2:精神卫生领域社会工作常用方法

| 项 目 | 内 容 |
| --- | --- |
| 精神病患者及其家属的生理—心理—社会评估 | (1)生理信息<br>(2)社会信息。包括:①家庭。评估家庭成员间关系的性质、互动的方式及敏感的家庭问题;②社会支持;③社会环境<br>(3)心理信息 |
| 认知行为治疗 | 由于精神病患者存在部分认知的偏差,导致其情绪问题和社会适应问题,因此采用认知行为疗法是比较有效的方法之一。认知行为疗法主要包括以下几个步骤:(1)详细讲述问题行为;(2)收集数据;(3)设定目标;(4)行为介入;(5)家庭作业;(6)行为改变的强化;(7)行为改变的认同;(8)防止故态复萌 |

# 第十四章　企业社会工作

## 第一节　企业社会工作概述

**高频考点:企业社会工作的功能**

(1)提供物质帮助,协助困难职工摆脱困境。

(2)为企业职工提供心理疏导和支持。

(3)协调内外关系,增强企业组织的凝聚力。

(4)维护职工合法权益,体现社会公平正义。

(5)预防问题产生,保障社会和谐均衡稳定。

(6)促进能力发展,实现社会的持续创新。

## 第二节　企业社会工作的主要内容

**高频考点1:企业社会工作者的角色**

(1)咨询辅导者。作为咨询辅导者,企业社会工作者主要是为企业职工就职业和生活问题提供咨询辅导。

(2)促进者。作为促进者的企业社会工作者提供的服务就是促进职工问题的解决和应对职业和生活问题能力的提升。

(3)联结者。

(4)调解者。

(5)教育者。

(6)协调者。

(7)倡导者。

**高频考点2:企业社会工作服务内容**

(1)职工福利服务。

(2)职工职业生涯规划。社会工作者通过为职工提供职业生涯辅导,帮助职工进行自我职业生涯设计,促进职工职业生涯的发展。

(3)职工情绪管理。

(4)职工素质提升。

(5)职业安全与健康:①在职场消除或减少影响职业安全与健康的因素;②在职工因工受伤或患病时提供多方援助,如提供尽可能好的医治和康复训练条件,并改善现有的工作环境,从而减少对其本人和相关人员的损伤;③协助因工受伤或患病的职工争取合理的补偿,维护合法权益;④对因工受伤或患病职工的社区康复工作,协助他们回归社会、重返社区生活,增加社区共融及减少因职业伤病而产生的社会排斥现象。

(6)职工休闲生活与服务。

(7)职工工作与生活平衡的服务。企业社会工作力求为职工创造条件和营造环境,使职工工作与生活更有幸福感。

(8)劳动关系协调。

(9)企业文化和职工文化建设。

(10)困难群体关怀。

(11)企业履行社会责任。企业社会责任是指企业在创造利润,对股东负责的同时,还应承担起对劳动者、消费者、环境、社区等利益相关方的责任,其核心是保护劳动者合法权益,包括不歧视职工、不使用童工、不使用强迫性劳动,创造安全卫生的工作环境等。

## 第三节　企业社会工作的主要方法

### 高频考点1:个案工作在企业社会工作中的运用

| 项　目 | 内　容 |
| --- | --- |
| 企业社会工作中的个案工作分类 | (1)一般信息咨询性问题:职工对企业的各项作业程序、企业内外的相关资源、劳动及社会保障法规等不清楚,需要帮助。如针对新进职工对企业内各项规章制度、企业内外有关资源及其运用、对获得职业福利及社会保障的条件和程序等缺乏了解<br>(2)人际交往和感情问题:交友圈狭窄,很难融入企业;交友不慎;恋爱问题<br>(3)家庭问题:婚姻关系失调;代际冲突;家庭暴力<br>(4)适应问题:工作适应不良;生活环境适应不良;人际关系适应不良。<br>(5)情绪问题:因工作和生活引起的焦虑、紧张问题;因工作和生活引起的无助、想家问题;因工作和生活引起的沮丧、忧郁问题;因处理失当的感情、较高的工作强度等引起的恐惧、害怕问题;因恋爱、家庭压力及工作压力导致的情绪和心理问题等<br>(6)资源提供与心理支持问题:下岗和失业人员的再就业的心理与社会支持;工伤(亡)事故的补偿与危机干预;本人疾病与家庭成员疾病及突发事件导致生活困难和精神痛苦辅导与援助等<br>(7)法律援助和权益保护问题:包括工伤事故赔付,劳动保护与保险问题、工资拖欠与克扣等问题处理中的协助 |
| 企业社会工作个案来源 | 企业社会工作的服务对象来源于:厂医转介的职工、管理部门工作人员发现并介绍的职工、职工家属或亲友介绍的职工、社会工作者主动发现的职工、自己主动寻求帮助的职工等 |

## 高频考点2:小组工作在企业社会工作中的运用

| 项　目 | 内　容 |
| --- | --- |
| 企业社会工作中小组工作对象和内容 | (1)对职工:协助他们适应工作环境,增加生活乐趣,解决心理困扰,学习社会交往技巧,适应劳资关系,促进劳工福利,改善工作环境等<br>(2)对管理人员:促进管理与领导能力,帮助他们了解职工心理动力,协调劳资关系,寻求合理有效的生产方式等 |
| 企业中小组的类型 | (1)兴趣、娱乐小组。(2)成长小组。(3)支持小组。(4)教育小组。(5)治疗小组 |
| 小组工作过程 | (1)需求评估。社会工作者首先依据工会的调查发现,进一步对企业工会、人力资源部门及职工进行了较深入的调查和了解,找出职工生涯规划的难点、当前的迷茫状况和原因以及需求。根据这些资料进行了综合分析,社会工作者决定在相关职工群体中开展职业生涯规划小组活动<br>(2)确定目标<br>(3)招募组员<br>(4)制订小组计划书,并按计划开展小组活动 |
| 评估 | (1)运用问卷对组员的职业生涯规划意识和相关知识进行前测后测,对比分析两组资料,以此评估小组活动效果<br>(2)社会工作者通过在活动过程中观察组员的表现,同时向组员了解小组的工作成果<br>(3)使用小组满意度量表和社会工作者自我表现评估表进行评估 |